M

D1559579

LOS CONSPIRADORES Y LAS VERGÜENZAS DE MÉXICO

Francisco Martín Moreno es conferencista, líder de opinión y autor de las novelas históricas *México negro, Las cicatrices del viento, México mutilado, México sediento, Las grandes traiciones de México, México secreto, México acribillado, México ante Dios*, la trilogía erótica mexicana *Arrebatos carnales* y *En media hora... la muerte.*

Eugenio Aguirre es novelista, cuentista, ensayista, conferencista, coordinador de algunas de las colecciones literarias más destacadas en el ámbito cultural nacional y autor de las novelas históricas *Gonzalo Guerrero, Victoria, La cruz maya, Isabel Moctezuma, Hidalgo, Leona Vicario, La gran traición, Cantolla, el aeronauta* y *El abogánster.*

Alejandro Rosas es historiador, conferencista y autor de varias obras de divulgación histórica entre las que destacan *Mitos de la historia mexicana, 365 días para conocer la historia de México, 99 pasiones en la historia de México* y la serie *Érase una vez México*, además de la novela *Sangre y fuego.*

Benito Taibo es periodista, poeta, conferencista, ferviente promotor de la lectura, responsable de la publicación de diversas obras de divulgación histórica en el INAH y autor de los poemarios *Vivos y suicidas, Recetas para el desastre* y *De la función social de las gitanas*; además de las novelas *Polvo, Persona normal* y *Querido escorpión.*

EUGENIO
AGUIRRE
FRANCISCO
MARTÍN MORENO
BENITO
TAIBO
ALEJANDRO
ROSAS

LOS CONSPIRADORES Y
LAS
VERGÜENZAS
DE MÉXICO

🌐 Planeta

Diseño de portada: Genoveva Saavedra / aciditadiseño
Fotografía de portada: Gunther Sahagún de Silva

© 2014, Eugenio Aguirre
© 2014, Francisco Martín Moreno
© 2014, Alejandro Rosas
© 2014, Benito Taibo

Derechos reservados

© 2014, Editorial Planeta Mexicana, S.A. de C.V.
Bajo el sello editorial PLANETA M.R.
Avenida Presidente Masarik núm. 111, 2o. piso
Colonia Chapultepec Morales
C.P. 11570, México, D.F.
www.editorialplaneta.com.mx

Primera edición: agosto de 2014
ISBN: 978-607-07-2297-4

Impreso en los talleres de Litográfica Ingramex, S.A. de C.V.
Centeno núm. 162-1, colonia Granjas Esmeralda, México, D.F
Impreso y hecho en México - *Printed and made in Mexico*

ALEJANDRO ROSAS:

Hay una frase de José López Portillo y Weber —historiador y padre del expresidente José López Portillo— que dice: «Muchas veces la historia de México es la historia de doce Judas y ningún Jesucristo». Y efectivamente, en ella vemos una serie de traiciones y vergüenzas.

EUGENIO AGUIRRE:

Ahora son quinientos judas y ningún Jesucristo, o sea, que esas traiciones y vergüenzas han aumentado en cantidad, mas no en calidad.

BENITO TAIBO:

Son mucho más de quinientos. La vergüenza nacional se desarrolla todos los días; en el momento en que se realiza una transa y alguien mira para otro lado; cuando alguien pasa un billete por debajo de la mesa.

FRANCISCO MARTÍN MORENO:

Sí, hay muchos temas, hechos históricos, que nos avergüenzan, que son muy dolorosos.

1
HISTORIA DE LAS CONSTITUCIONES

ഇ

La historia de México demuestra que somos
un país muy bueno para discutir y crear leyes
donde estén contempladas las aspiraciones de la
sociedad; sin embargo, somos terriblemente fallidos
al momento de aplicarlas. Con doscientos años
de historia constitucional y siete constituciones,
desde 1814 hasta 1917, cada una expresó las
circunstancias políticas y sociales de un periodo,
pero al final el resultado es el mismo: México no
ha podido consolidar hasta ahora un Estado de
derecho y a los mexicanos nos cuesta mucho creer
en las instituciones y en la ley.

FRANCISCO:

Abordemos un tema espinoso: la historia de las constituciones mexicanas. El 5 de febrero es un día muy
importante en la historia política, social, económica,
cultural, educativa y demagógica de México. ¿Por qué
demagógica? Porque los mexicanos nos hemos distin-
guido a lo largo de nuestra historia por ser extraordina-
rios legisladores, pero somos incapaces de aplicar la ley
e imponer el Estado de derecho en nuestro país. Ése ha
sido el principal problema.

EUGENIO:

Es muy importante ver cómo ha cambiado la mentalidad de los ciudadanos mexicanos a través de sus propias
constituciones y cómo han quedado plasmados sus derechos en cada una. Eso es muy interesante.

ALEJANDRO:

Yo creo que sí, hay un reconocimiento a la evolución de
los derechos políticos, sociales y económicos, pero en
distintos momentos —siglos XIX y XX— hemos fracasa-
do al aplicar la Constitución, y la sociedad no reconoce
a las instituciones —o le cuesta mucho reconocerlas— ni
hay un respeto por la ley.

BENITO:

La historia de nuestras constituciones es la historia de la utopía. En mi biblioteca, en la parte de historia, no están las constituciones, las tengo siempre en la parte de ficción; son unas bellísimas y maravillosas novelas y, en realidad, para la vida cotidiana son letra muerta.

FRANCISCO:

Propongo que brindemos por nuestras constituciones que, aun cuando son perfectibles, ahí están.

BENITO:

Y son maravillosas.

FRANCISCO:

Y costó mucho trabajo promulgarlas.

EUGENIO:

Y son un registro de la ideología mexicana a través de los siglos.

FRANCISCO:

Lo primero que se antoja es partir de la Constitución de 1824, con lo cual estaríamos cometiendo una falta histórica.

EUGENIO:

Por supuesto.

FRANCISCO:

¿Por qué? Porque faltaría la Constitución de 1812, la de Cádiz, en la inteligencia de que en ese año México todavía era una colonia española, y aunque esta constitución no se aplicó, pues no tuvo una vigencia más que en términos muy aislados y en momentos muy concretos, no podemos decir que haya sido, realmente, la primera constitución.

EUGENIO:

No, pero su preparación sí tuvo repercusiones en los movimientos conspiratorios que se dieron en 1808, 1809 y 1810. La Constitución de Cádiz estuvo muy presente entre los conspiradores insurgentes, porque reconocía derechos muy importantes para los americanos.

FRANCISCO:

Pero no en 1808, porque se promulga hasta 1812.

ALEJANDRO:

Pero recuerden que después de la invasión napoleónica a España se convoca a Cortes y hay muchos representantes criollos o hispanos avecindados en América que van a la península Ibérica.

BENITO:

Para adherirse a las Cortes.

FRANCISCO:

Y para participar en ellas, como todos los representantes de las colonias.

ALEJANDRO:

Es importante señalar cómo, al menos en México, la gente ilustrada, específicamente los intelectuales que rodean al movimiento, sí se inspiran en ella y sobre todo son quienes consuman la Independencia.

EUGENIO:

Y algunos influyeron en la de Cádiz.

ALEJANDRO:

Sí, pero en el momento en que el Congreso, inspirado en las ideas de José María Morelos, promulga la Constitución de 1814, llamada «de Apatzingán» —que además en 2014 cumplirá doscientos años—, es cuando los constituyentes dicen: «sí muy bien su constitucioncita de Cádiz, perfecto, aplauso para ellos, pero nosotros los mexicanos queremos nuestra propia constitución».

BENITO:

A mí la palabra *constitución* me remite siempre a civilización. El crecimiento de las democracias y de las civilizaciones van aparejados al plasmar en papel los derechos fundamentales que cualquier pueblo debe llevar adelante. Siempre me ha parecido que *constitución* es como nuestro escudo y nuestra bandera.

EUGENIO:

Así es, de hecho la constitución sanciona el pensamiento político de la época, le da una normalización, y se encauza para que los habitantes puedan aplicarla. La Constitución de Apatzingán de 1814 es muy importante porque recoge los Sentimientos de la Nación, promulgados por Morelos en 1813. Esta constitución tiene aspectos muy importantes; sigue reconociendo a la católica como religión de Estado, pero ya establece la división de poderes y un principio de vanguardia: existe la presunción de inocencia de los delincuentes.

ALEJANDRO:

Con respecto a ese tema, es muy importante hablar de la de 1814, porque el problema en México, al menos para la clase política que pelea por la Independencia y la que se forma después de la Independencia, no es la religión. No es ni siquiera el clero, porque vemos la presencia de

Dios en la Constitución de 1814, en la de 1824, en la de 1836 y en la de 1843. En la de 1857 ni siquiera se pudo establecer la libertad de cultos. Era una época profundamente religiosa. Por eso, el asunto de las constituciones a lo largo de esos años es el político: quién gobierna, cómo gobierna, la división de poderes, los derechos de los ciudadanos, la igualdad o no en términos democráticos, la educación.

BENITO:

Yo creo que abona en dos sentidos maravillosos. Uno de ellos es la creación del Estado y otro es la creación de ciudadanía. Lo primero que reconoce una constitución es a sus adeptos como ciudadanos. En ese sentido es piedra fundamental de la creación de Estado y ciudadanía.

EUGENIO:

La Constitución de Apatzingán de 1814 ya reconoce a todos los mexicanos como iguales y que esa carta magna debe aplicarse a todos por igual.

FRANCISCO:

Y acaba con la esclavitud.

ALEJANDRO:

El problema es que —y ahí vamos una y otra vez como el perro que persigue su cola— el propio Morelos, cuando lo aprehenden, dice que la Constitución de Apatzingán es mala por impracticable. ¡Claro! La promulga en 1814, en plena guerra de Independencia, en el año en que lo derrotan, en diciembre, en las Lomas de Santa María, afuera de Morelia. Luego viene su ocaso hasta que lo aprehenden y fusilan. Somos muy buenos para el cuerpo, el corpus, la ley, la redacción, los principios llevados a un artículo, pero a la hora de aplicarlo fallamos, como falló en 1814.

EUGENIO:

No se podía aplicar porque aún había guerra.

BENITO:

¿Y la de hoy se puede?

FRANCISCO:

Bueno, poco a poco, es un proceso.

ALEJANDRO:

Pero qué tan poco a poco. Estamos a tres años del centenario de la Constitución de 1917, la cual nos rige hoy día, y ve el país que tenemos: ¿qué tan «poco a poco» más quieres, Francisco?

EUGENIO:

Pero las leyes están bastante bien estructuradas. E inteligentemente plasmadas.

BENITO:

Sin duda. Nada más que no se cumplen.

ALEJANDRO:

En algunos casos sí.

FRANCISCO:

Eso es importante. Regresemos a la Constitución de 1814, la de Apatzingán, que no era practicable, no era aplicable.

EUGENIO:

No, porque el país estaba en guerra, la de Independencia, y no podía aplicarse más que en los territorios ocupados por los insurgentes.

FRANCISCO:

Sí se hubiera podido aplicar, es decir, si a Morelos no lo hubieran fusilado... Estamos con los *hubieras* y el *hubiera* sabemos que se conjuga en tiempo pluscuantonto. Si se hubiera aplicado la Constitución de Apatzingán, una vez dominado el país y Morelos hubiera encabezado la presidencia, hubiéramos tenido otro México. Porque era una constitución de vanguardia para aquella época.

ALEJANDRO:

Cuando lees la Constitución de 1814, no pueden dejar de saltar preguntas como *¿por qué no pudimos plantear el asunto de la república y demás?* Ahora, si consideramos la de Apatzingán como la primera constitución mexicana, quitando la de Cádiz, en 2014 cumplimos dos siglos de tener una historia constitucional, pero en dos siglos hemos tenido siete constituciones. Nada más como recuento: 1814, la de Apatzingán; la de 1824, con la cual nos constituimos como república; dos conservadoras: las Siete Leyes de 1836 y las Bases Orgánicas de 1843, que establecen la república central contra la de 1824, que establecía la república federal; el Acta de Reformas Constitucionales de 1847 que nos regresa al federalismo.

FRANCISCO:

En plena guerra...

ALEJANDRO:

En plena guerra contra Estados Unidos, y la Constitución de 1857, muy importante, y de ahí hasta la de 1917. Son demasiadas y lo entiendes. Las primeras seis son del siglo XIX y la de 1917 afortunadamente va a cumplir ya cien años.

EUGENIO:

El hecho de que hubiera tantas constituciones se justifica por los vaivenes ideológicos entre conservadores y liberales.

FRANCISCO:

Pero también es importante considerar que de 1824 a 1855, tuvimos alrededor de veintiocho presidentes.

ALEJANDRO:

Casi un presidente por año.

FRANCISCO:

Es absurdo: seis constituciones y veintiocho presidentes en treinta y un años es una muestra más que clara del caos imperante.

BENITO:

Y sin embargo, hasta en las constituciones conservadoras el espíritu de la ley que se conservaba en ellas mantenía una cierta lógica, estructura política, orden legal.

ALEJANDRO:

Creo que hemos tenido muy buenos constituyentes. Gente comprometida, cuando menos con el proyecto de nación en el cual creían. Por ejemplo, la [constitución] de las Siete Leyes de 1836, conservadora, establecía principios que hoy son retrógradas: otorgaba el derecho al voto a quienes tuvieran un capital o fueran propietarios. Pero se debe reconocer que por más retrógrada que fuera —vista actualmente—, había la intención de establecer un proyecto de nación, construir una estructura política y meter en orden al país.

EUGENIO:

Pero el cambio más drástico es cuando pasamos de la república federal a la república central por la Constitución de 1836.

ALEJANDRO:

Discúlpame, pero no.

EUGENIO:

Te voy a explicar por qué. Con la Constitución de 1836, llamada de las Siete Leyes, cambiamos a república central y eso propició la separación de Texas.

ALEJANDRO:

Pero fue sólo el pretexto. El asunto de Texas es mucho más complejo...

EUGENIO:

Son las consecuencias de esa constitución.

ALEJANDRO:

No coincido. Para mí el momento más brutal en términos políticos propiciado por una constitución, fue en 1824, cuando nos fuimos a dormir siendo imperio y amanecimos siendo república con la Constitución de 1824. Nuestra tradición política era monárquica. Por eso México nació a la vida independiente como monarquía constitucional moderada; el imperio fracasó y de pronto cambiamos a república como si nada.

BENITO:

¡Viva la República!

FRANCISCO:

Exactamente, ¡viva la República!

EUGENIO:

Yo creo que estarle rascando al hueso del Imperio ya es anacrónico.

BENITO:

Y aburrido. Además es demodé, apolillado.

FRANCISCO:

Yo soy republicano, pero coincido con Alejandro. En 1824, a tres años de consumada la Independencia, haber establecido en la Constitución la república federal como forma de gobierno, sin tradición liberal, sin tradición democrática, sin tradición...

BENITO:

... republicana.

EUGENIO:

Pero había que impulsar la república en algún momento.

FRANCISCO:

Sí, pero eso nos costó veintiocho presidentes en treinta y un años.

EUGENIO:

Pero de todas formas había que impulsarla.

ALEJANDRO:

No, de todas formas no. El costo que pagó México por hacerse republicano fue muy alto. Debió hacerlo de manera paulatina. Por eso estoy totalmente de acuerdo con Francisco. La Constitución de 1824 nos hace república, una república federal, cuando casi nadie comprendía bien qué era y significaba el federalismo en términos políticos y económicos. Por eso creo que incluso las Siete Leyes de 1836 están más cerca de la naturaleza histórica y política del país de lo que habían estado los últimos trescientos años.

BENITO:
En alguna forma sí.

ALEJANDRO:
No, en gran forma. Por eso se da la independencia de Texas.

EUGENIO:
Y los intentos fallidos de Yucatán, Tabasco y Coahuila, que pretendían seguir el ejemplo de Texas.

FRANCISCO:
Regresando al punto central de la discusión, ¿cuál fue la tradición política de México durante los trescientos años de la Colonia? La monarquía absoluta, en donde sólo se escuchaba la voz del rey, no se consultaba la opinión de nadie, se desconocía la mecánica democrática. Entonces de repente establecimos una república, y una república en la cual además, en 1828, Guerrero expulsa del país a los últimos españoles, quienes conocían el aparato político. Es como si fueras en un avión, de esos jumbos gigantescos, agarras al piloto y lo avientas.

EUGENIO:
Había que deshacerse de esas rémoras, Francisco, para poder evolucionar.

BENITO:
Esa metáfora del avión me gusta.

FRANCISCO:

Parte de la transición era ésa; la transición fue muy abrupta.

EUGENIO:

Era darles posibilidades a los criollos y a los mestizos de una situación política.

ALEJANDRO:

Pero es, nuevamente, caer en la misma visión de siempre: satanizar a los españoles.

EUGENIO:

No estoy satanizando a los españoles.

BENITO:

Prefiero los huaraches de la república que cualquier avión de la monarquía.

ALEJANDRO:

A mí me parece excesiva la expulsión de españoles en 1829.

EUGENIO:

Estoy satanizando a las autoridades impuestas por la Corona española, no a los españoles.

ALEJANDRO:

Pero las leyes de expulsión afectaron al español común y corriente.

EUGENIO:

De acuerdo. Eso estuvo mal y debió haberse evitado.

FRANCISCO:

Pero regresando a las constituciones, la de 1824 tuvo una duración efímera, estuvo vigente hasta 1836, cuando se promulgaron las Siete Leyes.

EUGENIO:

No tan efímera, porque fue rescatada en 1847, durante la guerra contra Estados Unidos.

FRANCISCO:

Aquí debo hacer una acotación obligatoria, sobre...

ALEJANDRO:

... ¡la Iglesia!

FRANCISCO:

Sí, sí, la gran culpable de la derogación de la Constitución de 1824 fue la Iglesia católica.

EUGENIO:

Por supuesto.

FRANCISCO:

Sobre todo desde el momento en que Valentín Gómez Farías promulga una serie de leyes liberales [1833].

EUGENIO:

«Gómez Furias», le decían.

BENITO:

«Gómez Furias» está padrísimo.

FRANCISCO:

Gómez Farías quiso reformar al país estableciendo la educación laica, reduciendo los fueros y privilegios del clero y el ejército e interviniendo el patrimonio gigantes-co de la Iglesia católica. Impulsó estas reformas, siendo vicepresidente, mientras el presidente Antonio López de Santa Anna estaba en su hacienda de Manga de Clavo persiguiendo mulatas, lo cual es muy divertido. Es cuan-do el clero va a verlo para quejarse de las disposiciones promulgadas por Valentín Gómez Farías. Santa Anna regresa de Manga de Clavo, depone al gobierno de don Valentín y entonces viene la nueva Constitución, pro-mulgada en 1836. Mientras tanto, todo este tránsito dio marcha atrás a un proceso republicano muy interesante.

ALEJANDRO:
Y claro que fue un proceso. ¿Cómo creamos conciencia de que debíamos ser república? Nos llevó cuarenta años o más, nos llevó guerras intestinas, golpes de Estado y guerras con el exterior. Ése fue el costo del aprendizaje de algo que no conocíamos.

BENITO:
Acabas de mencionar algo muy importante: las invasio-nes. ¿Cómo te das cuenta de que eres república? A partir de que eres invadido dos, tres veces. En ese momento te percatas de que, por medio de la Constitución, estás de-fendiendo los conceptos de *patria*, de *nación*, de *Estado libre e independiente*.

FRANCISCO:
Finalmente eso fue con Juárez...

BENITO:
... con la Constitución de 1857.

EUGENIO:
Creo que se tiene conciencia ya de una república, federal,

soberana e independiente, cuando Benito Juárez establece la República Restaurada en 1867, después de la guerra de Reforma y del Imperio de Maximiliano. Es entonces cuando empezamos a ser una república progresista.

ALEJANDRO:
Más o menos funcional...

BENITO:
Y, además, esa constitución, la de 1857, es una constitución hecha por brillantísimos personajes, hombres libres...

ALEJANDRO:
... y liberales moderados. Realmente no había nada que la Iglesia pudiera usar en contra de los liberales, como decir «es que nos expulsaron», «nos persiguieron», «querían acabar con el dogma», ¡no! Si te sientas a leer la Constitución de 1857 —yo le recomendaría a nuestros amigos lectores echarle un ojo—, te das cuenta de que no era persecutoria, ni antirreligiosa; de hecho los constituyentes no pudieron establecer la libertad de cultos, porque muchos se opusieron en un debate bien argumentado.

EUGENIO:
Los liberales moderados se opusieron.

FRANCISCO:
Pero sí establece la educación laica, lo cual era un gran avance porque era una manera de arrebatarle al clero la base de todo su patrimonio económico.

EUGENIO:
Y se establecen también los municipios, que van a operar de una forma perdurable, a través del tiempo.

ALEJANDRO:

Nuevamente, el gran problema de la Constitución de 1857 —que hemos visto a lo largo de la historia de las constituciones—: entra en vigor pero no pudo aplicarse durante los siguientes diez años.

FRANCISCO:

El 1 de diciembre de 1857 Ignacio Comonfort toma posesión como presidente de la República...

ALEJANDRO:

... como presidente constitucional, porque la había ocupado en los meses anteriores como presidente interino.

FRANCISCO:

Y jura aplicar la Constitución de 1857. Sin embargo, el 17 de diciembre, apenas dos semanas después de que protestara...

ALEJANDRO:

... se retractó: «dice mi mamá que siempre no».

FRANCISCO:

Entonces se da un autogolpe de Estado con el cual inicia la guerra de Reforma, a principios de enero de 1858.

ALEJANDRO:

Y no es un cuento «que dice mi mamá que siempre no». Según narra Victoriano Salado Álvarez, van los curas a hablar con la mamá de Comonfort —quien además era de origen poblano— y le dicen: «Oiga, señora, échenos una mano porque su hijo Nachito nos va a aplicar la Constitución y nos va a ir muy mal». Y entonces la mamá le dice a Comonfort: «Oye, hijito Nacho, yo que te cargué en mis brazos, yo que cuidé tus enfermedades...».

FRANCISCO:

Hay algo peor. El padre Miranda le había dicho a la señora: «Tú procreaste una víbora que se llama Ignacio Comonfort; por esa razón se van a ir él y tú, los dos, al infierno, salvo que se derogue la Constitución de 1857».

ALEJANDRO:

Como Comonfort tenía mamitis, complejo de Edipo, le hizo caso a su mamá. Además, obviamente debe considerarse el entorno, el contexto político y todos los elementos sociales que, desde luego, propician la guerra de Reforma. Ésta es sólo una anécdota personal.

BENITO:

Es dramática. Es una de las grandes vergüenzas nacionales.

EUGENIO:

Un dato interesante. La Constitución de 1857 se promulga el 5 de febrero. O sea tenemos dos constituciones promulgadas el 5 de febrero: la de 1857 y la de 1917. Una coincidencia interesante.

BENITO:

No es coincidencia, fue a propósito.

ALEJANDRO:

La de 1917 sí fue promulgada a propósito en la misma fecha, como una especie de homenaje histórico a la de 1857.

FRANCISCO:

Si me permiten, quiero hacer una especie de resumen. La Iglesia católica mexicana acaba con la Constitución de 1824. La Iglesia católica mexicana pretendió acabar con la Constitución de 1857 y estalla la guerra de Reforma, que se financia con las limosnas pagadas por el pueblo de México. Y en 1917, el clero nuevamente insiste en la derogación de la Constitución, a través de la rebelión cristera. Tres constituciones y el clero enemigo feroz de las causas más nobles de este país.

BENITO:
¿No estás bautizado?

FRANCISCO:
Bueno, ahí están las evidencias.

EUGENIO:
Lo bautizaron en un Chac Mool, en Yucatán.

ALEJANDRO:
La Constitución de 1857 no pudo entrar en vigor de manera regular, porque sobrevinieron los tres años de la guerra de Reforma (1858-1861) y luego los cinco de la Intervención Francesa y el Imperio de Maximiliano (1862-1867). Pero la guerra contra los conservadores, franceses e imperialistas propició que la Constitución se convirtiera en bandera política. Ése fue uno de los méritos de Juárez, asumirla como bandera, como causa y defenderla bajo la lógica de «hasta vencer o morir». Pero las condiciones eran tan caóticas, que Juárez ni siquiera pudo elevar a rango constitucional las Leyes de Reforma promulgadas en 1859.

FRANCISCO:
Eso ocurrió hasta 1875, y lo hizo el presidente Sebastián Lerdo de Tejada.

EUGENIO:
La de 1857 es una constitución muy avanzada, muy

progresista. Ya establece la división de poderes, el periodo presidencial.

ALEJANDRO:

Como hemos dicho, siempre sacamos diez en la teoría, pero reprobamos en la práctica. ¿Por qué? Porque la división de poderes, la libertad de asociación, la mayor parte de las garantías individuales establecidas en la Constitución, Porfirio Díaz terminó pasándoselas por el arco del triunfo cuando llegó a la presidencia en 1876.

FRANCISCO:

Porfirio Díaz sepultó el liberalismo mexicano del siglo XIX. Por eso, quien diga que quiere repatriar los huesos de este tirano malvado hay que enterrarlo boca abajo.

ALEJANDRO:

Yo quiero traerlo.

FRANCISCO:

No. ¿Cómo vas a traer al gran traidor del liberalismo mexicano, Alejandro Rosas?

ALEJANDRO:

Sepultó el liberalismo político, en eso estoy totalmente de acuerdo, pero creo que tuvo otros méritos, aunque yo lo considero un dictador.

BENITO:

Recuerda Valle Nacional, recuerda la guerra del Yaqui, Cananea...

ALEJANDRO:

... recuerda las líneas ferrocarrileras, recuerda el telégrafo.

EUGENIO:

Pero se hicieron con mano de obra esclava.

ALEJANDRO:

No en todos los casos.

BENITO:

En casi todos. Los chinos murieron haciendo las vías férreas de Sinaloa...

EUGENIO:

... y los mexicanos.

FRANCISCO:

Alejandro, ¿con qué te quedas?

ALEJANDRO:

Con que debemos seguir tratando de que la Constitución encuentre correspondencia con la realidad. Que no se quede como letra muerta, sino que funcione como ley fundamental para construir y consolidar el Estado de derecho.

EUGENIO:

Yo me quedo con que nuestros movimientos constitucionalistas han sido de vanguardia, han sido inteligentes, han sido progresistas y han servido a la nación, en alguna forma, para gobernarse. Ahora, que el gobierno no entienda cómo interpretar estas leyes, ése es otro problema.

BENITO:

Yo quiero pasar la Constitución del apartado de ficción al apartado de realidad.

ALEJANDRO:

Y yo espero verlos, queridos conspiradores, en el infierno.

FRANCISCO:

Yo también.

EUGENIO:

Va a ser muy divertido.

FRANCISCO:

Y yo quiero que finalmente nos constituyamos en un Estado de derecho.

BENITO:

Que la Constitución sirva, se aplique.

2

TRATADOS OPROBIOSOS DE LOS SIGLOS XIX Y XX

෨

La historia de México puede contarse a través de sus tratados, firmados con otras naciones o entre los grupos de poder que han participado en la formación del Estado mexicano. Pero la historia nos muestra que muchos fueron firmados en situaciones graves, críticas, difíciles e incluso bajo amenaza. De los Tratados de Córdoba (1821), con los cuales se consumó la Independencia, al Tratado McLane-Ocampo (1859), sin olvidar el TLCAN (Tratado de Libre Comercio de América del Norte), o los Tratados de Ciudad Juárez con los cuales culminó la revolución maderista (1911), cada tratado arroja luz sobre las circunstancias del momento.

FRANCISCO:

Hay un tema al que vale la pena entrarle de frente. Es el tema de los tratados oprobiosos. Tenemos tratados como el de Guadalupe Hidalgo, como los Tratados de Bucareli, como los Tratados de Ciudad Juárez...

EUGENIO:

... los de Velasco.

ALEJANDRO:

... los de Córdoba.

BENITO:

... McLane-Ocampo, la Mesilla.

FRANCISCO:

Son tratados, unos más oprobiosos que otros, pero finalmente vale la pena abordarlos.

EUGENIO:

Lo curioso es que todos estos tratados han sido hechos con Estados Unidos de América para intentar salvar la soberanía del territorio nacional, porque siempre han estado con el ojo puesto en nuestro país.

FRANCISCO:
Bueno, no todos, el Mon-Almonte fue con España.

ALEJANDRO:
O los de Ciudad Juárez, firmados entre los revolucionarios maderistas y el gobierno porfirista. Pero en cierto
modo tienes razón, Eugenio, muchos fueron con la bota
estadounidense puesta en el pescuezo de los mexicanos.
Y eso que no tengo el síndrome de Juan Escutia, no me
envuelvo en la bandera para acusar a los gringos de ser
los culpables de todas nuestras calamidades, pero en
efecto, tienen una buena parte de responsabilidad.

BENITO:
Remember el Álamo. Cada vez que sucede eso recuerdo
el Álamo. Bueno, hasta el Tratado de Libre Comercio
de América del Norte (TLCAN) es un tratado de alguna
manera oprobioso, acabó siendo el desastre de…

EUGENIO:
… la economía de México.

BENITO:
De la economía nacional en muchos aspectos, como el
agrícola.

FRANCISCO:
¡No, no, no! Esto lo vamos a arreglar a balazos.

BENITO:
¿Agrícolamente no? Claro que sí. Destruyó al campo.

FRANCISCO:
El TLCAN implica una exportación de mil millones de
dólares al día. Entiendo que no todo puede ser…

BENITO:

… miel sobre hojuelas.

FRANCISCO:

Sí, pero mil millones de dólares diarios es lo que vale el comercio exterior de México ahí.

ALEJANDRO:

Coincido con Benito en que nos metimos en el Tratado de Libre Comercio como cuando te arrojan a la alberca helada, ¡así! ¡Órale!, sin estar preparados.

FRANCISCO:

Ya lo abordaremos en su momento. Por lo pronto, podríamos hablar de los Tratados de Córdoba. Aunque para mí, de los tratados vergonzosos y oprobiosos del siglo XIX son, sin duda alguna, los Tratados de Velasco, suscritos por uno de los grandes traidores de México: Antonio López de Santa Anna. Por medio de ellos se pierde Texas. Me parece un tratado oprobioso.

EUGENIO:

Un tratado que nunca fue reconocido por el congreso mexicano, porque Santa Anna estaba prisionero cuando lo firmó. Lo curioso de los Tratados de Velasco es que fueron dos: uno que se hizo público y otro secreto.

ALEJANDRO:

Para ubicar a nuestros lectores: los Tratados de Velasco son los firmados por Santa Anna después de caer capturado en San Jacinto, en abril de 1836, durante la campaña contra la independencia de Texas. Por los texanos firma su presidente interino David G. Burnet y en ellos Santa Anna, para salvar el pellejo, se compromete a reconocer la independencia de Texas, establecer la línea divisoria entre México y Texas en el río Bravo, y retirar al Ejército Mexicano al sur del Bravo para terminar con las hostilidades.

BENITO:

Hay varios elementos importantes. Para empezar, Estados Unidos está detrás de todo, no obstante que la rebelión de Texas era un asunto absolutamente doméstico; eran mexicanos luchando por independizar a Texas contra mexicanos que tenían órdenes de evitarlo. Pero eso no le importó a la Casa Blanca, y había cientos de filibusteros y mercenarios estadounidenses apoyando a los texanos.

ALEJANDRO:

Lo verdaderamente innombrable fue lo que hizo Santa Anna. Una vez prisionero, le envió un mensaje a su segundo en el ejército, Vicente Filisola, ordenándole que se retirara, que no atacara más a los texanos, para salvar su vida, cuando lo correcto era que las tropas mexicanas avanzaran sobre los rebeldes sin importar si su jefe era su prisionero.

FRANCISCO:

Le pide que se abstenga.

ALEJANDRO:

¡Exacto! «No vengas por favor, porque me van a matar». Pero lo peor de todo es que Filisola, muy obediente, se retira. Y por último, para salvar la vida, Santa Anna acepta reconocer la independencia de Texas y se compromete a que el gobierno mexicano la reconocerá, si respetan su vida.

FRANCISCO:

Aquí lo importante es que, en aquella ocasión, al presidente de la República...

BENITO:

... su Alteza Serenísima, por favor...

FRANCISCO:

... lo toman prisionero después de haber pasado la noche con Emily Morgan, *The Yellow Rose of Texas* —a quien Elvis Presley le hizo una canción muy pegajosa—, y se lo llevan encadenado a Washington. Es importante pensar que es la primera vez, en aquel 1836, en que Santa Anna conoce un tren, porque en aquella época evidentemente en México no había ferrocarril. De hecho, la línea México-Veracruz se inauguró hasta el periodo del presidente Sebastián Lerdo de Tejada (1872-1876).

ALEJANDRO:

Ese viaje lo podemos considerar como la primera reunión no oficial entre el presidente de México y el de Estados Unidos.

BENITO:

Sí, bueno, pero uno encadenado y el otro no.

ALEJANDRO:

Yo quiero poner en bandeja de plata los Tratados de Córdoba de Iturbide, para que los descuarticen como les gusta a ustedes hacerlo. Creo que estos tratados tienen una parte que me parece —y ya lo hemos discutido—, así debía ser, en términos de adoptar una monarquía constitucional moderada, porque veníamos de una larga tradición monárquica...

BENITO:

... otra vez...

EUGENIO:

Le salió lo Pinochet.

ALEJANDRO:

Pero salió muy vivales Iturbide. Recuerden que en los tratados estableció que la corona del Imperio mexicano se le ofrecería a los miembros de la casa reinante española, a sabiendas de que no iba aceptar ninguno, nadie vendría a México a gobernar, por lo que dejó abierta la puerta para asumir el poder, al escribir: «Si no acepta ninguno de los miembros de la casa reinante, será emperador el que las Cortes designaren», y era él.

EUGENIO:

Se autoproclama emperador.

ALEJANDRO:

Entonces, por un lado, con los Tratados de Córdoba finalmente se alcanza la independencia. Creo que eso es lo más valioso. Pero por otro lado, es el camino para que Iturbide llegue al poder. Y así se consuma la Independencia en 1821, aunque Eugenio diga que la Independencia se logra hasta 1824.

EUGENIO:

Hasta 1824, sí.

ALEJANDRO:

Pero ésa es tu interpretación. Ningún historiador ni nadie, en ningún momento, ha sostenido eso.

EUGENIO:

Hay un tratado anterior, a los de Córdoba, uno de límites; porque casi todos los primeros tratados tienen que ver con límites territoriales entre la Nueva España, el Virreinato y Estados Unidos.

ALEJANDRO:

Sí, es el Tratado Adams-Onís.

EUGENIO:

Pero es un tratado de límites, nada más; no tuvo mayor trascendencia.

BENITO:

Fue una puesta de mojoneras, de dónde empezaba y terminaba el territorio. Su importancia radicó en que Estados Unidos finalmente reconoció los límites del territorio novohispano, pues antes se había negado a hacerlo.

FRANCISCO:

Sobre los Tratados de Córdoba coincido con Alejandro. En el proceso evolutivo político mexicano, era muy importante no brincar de golpe a una república federal, como se estableció en 1824, pero sí tener un periodo transitorio que nos hubiera acomodado.

BENITO:

Monarquía constitucional, borbónica, para acabar pagando las cuentas de las infantas. Perdón, me rehúso. ¡Viva la República!

FRANCISCO:

Sí, claro, ¡viva la República!

ALEJANDRO:

Yo también soy totalmente republicano y cargo con orgullo el águila republicana.

BENITO:

Sí, los dos quieren una república, pero antes probar un poco de monarquía constitucional.

ALEJANDRO:

Porque son procesos.

FRANCISCO:

Mira lo que pasó.

BENITO:

«Los reyes ni en la baraja», para eso están los ases.

FRANCISCO:

Gracias a lo que tú sostienes, mira todo lo que nos pasó en el siglo XIX.

BENITO:

No es cierto, no tiene la culpa la república.

FRANCISCO:

Claro que sí.

BENITO:

No, no. Una república de hombres libres frente a cualquier monarquía, aunque sea una república fallida.

ALEJANDRO:

Pero no teníamos experiencia.

BENITO:

Las repúblicas fallidas son mucho más chidas que cualquier monarquía.

ALEJANDRO:

Es muy idealista tu visión.

FRANCISCO:

Los yanquis tenían el autogobierno desde la fundación de las trece Colonias. Nosotros no teníamos experiencia político-administrativa.

BENITO:

Esto es un *déjà-vu*. Esto ya ha sucedido.

ALEJANDRO:

Yo creo, y nada más para irnos a otro tratado, que de haber asumido la monarquía constitucional unos años, hubiéramos transitado en unas décadas hacia la república.

BENITO:

No sucedería.

ALEJANDRO:

Claro que sí.

BENITO:

Las monarquías constitucionales en aquella época acababan convirtiéndose en monarquías absolutas.

EUGENIO:

Iturbide se hubiera perpetuado como dictador.

BENITO:

¡Claro, claro!

ALEJANDRO:

Perdón, Porfirio Díaz se perpetuó como un dictador, Benito Juárez igual, y era una república.

BENITO:

Benito Juárez, ¿qué? ¿Ahora vas a decir que Benito Juárez era un dictador?

ALEJANDRO:

No, no, Juárez mis respetos.

FRANCISCO:

Vamos a hablar de los tratados y no tanto de las consecuencias.

EUGENIO:

Como consecuencia de los Tratados de Velasco, que no llegaron a operar nunca, sobrevinieron la guerra contra Estados Unidos y el Tratado de Guadalupe Hidalgo, una vez que los yanquis derrotaron al Ejército Mexicano en 1847.

ALEJANDRO:

Es el tratado que puso fin a la guerra entre México y Estados Unidos, de 1846 a 1848, y se firmó el 2 de febrero de este último año.

EUGENIO:

Y se ratificó el 30 de mayo.

FRANCISCO:

Quisiera hacer la acotación de un punto que no debe pasar desapercibido: el regreso de Santa Anna de Washington, luego de varios meses de cautiverio durante los que se entrevistó con el presidente Andrew Jackson. Santa

Anna regresa en una fragata de Estados Unidos y cree que en México lo van a crucificar por traidor, para su sorpresa...

EUGENIO:
... no, lo reciben como héroe.

FRANCISCO:
Como héroe. Entonces sí es importante lo que hemos platicado tantas veces: no existen las culpas absolutas.

EUGENIO:
Una acotación...

ALEJANDRO:
... una acotación de la acotación.

EUGENIO:
Para que los lectores entiendan: los Tratados de Velasco los firma Santa Anna en 1836, y no se entrega Texas a Estados Unidos; este país no hace la anexión sino hasta 1845.

ALEJANDRO:
Pero sí se independizan.

EUGENIO:
Sí, pero ahí Estados Unidos todavía se mantiene a la expectativa, no mete las garras en el territorio, sino que se espera nueve años para aceptar la anexión de Texas a Estados Unidos. ¿Por qué se da esto? Es interesante que nuestros amigos lectores sepan que Estados Unidos no quiso anexarse Texas para evitar el fortalecimiento de los estados esclavistas del sur. Ya se veía venir la guerra de Secesión y no les convenía fortalecer con otro estado

esclavista más a los estados del sur. Por eso se tardan tanto tiempo en la anexión.

FRANCISCO:

Habría que analizar otro aspecto muy importante. El plan de la anexión de Texas no arranca en 1836, sino desde el momento en que Alexander von Humboldt habla con Thomas Jefferson y le cuenta...

EUGENIO:

... en 1803...

FRANCISCO:

... le cuenta de las riquezas de este país, y ¿qué le propone? La que es la tesis de Jefferson: empezar a poblar Texas. En aquel momento, 1803, en Texas había tres mil y pico de personas en un territorio...

EUGENIO:

... en un territorio que estaba deshabitado.

FRANCISCO:

Y ¿por qué estaba deshabitado? Le toca su patadita al clero otra vez; porque el clero católico estableció que solamente las personas que profesaban la religión católica eran bien recibidos, mientras Estados Unidos abrió las puertas a...

BENITO:

... protestantes, anglicanos...

FRANCISCO:

No importaba la religión. Lo fundamental era que llegaran a construir ese país con buena fe, con buena voluntad.

ALEJANDRO:

Yo no soy un defensor de la Iglesia. Creo que cometió demasiados errores, y hay que juzgarla severamente; pero entiendan el momento: la religión única, aceptada y obligada era la católica, no iban decir: «Oigan, sí vénganse».

FRANCISCO:

No, claro que no, lo que estoy diciendo es que impidió que todos los territorios al norte del río Bravo se siguieran poblando, como se pobló Estados Unidos, gracias a esa apertura migratoria tan inteligente.

ALEJANDRO:

Texas era la crónica de un territorio perdido. Desde que llegó Joel R. Poinsett, el primer embajador de Estados Unidos en México, allá por 1822, le ofreció al gobierno mexicano, sin tapujos, cinco millones de dólares por Texas; luego llega Butler, ahí te van otros cinco...

FRANCISCO:

Por eso el problema de Texas no sólo fue en 1836. Ése fue el desenlace.

ALEJANDRO:

Además, el problema sí fue la política de colonización de México ya como país independiente.

FRANCISCO:

Equivocadísima.

EUGENIO:

Y había conflictos con las tribus indígenas de esa zona que eran...

BENITO:

... apaches mescaleros.

EUGENIO:

¡Exacto! Eran muy bravos, muy belicistas. Hay que entender que Texas y Coahuila eran la misma provincia.

ALEJANDRO:

De hecho nacen como el mismo estado de la federación en 1824; era el estado de Coahuila y Texas.

EUGENIO:

Pero la zona de Texas estaba deshabitada por las incursiones de los indígenas que masacraban a los colonizadores.

FRANCISCO:

No solamente eso. Se impidió que se poblaran todos esos territorios, debido a que no existía la separación Iglesia-Estado y la Iglesia cogobernaba este país, con todas sus consecuencias.

ALEJANDRO:

Regresando a los tratados, el título del tratado que puso fin a la guerra contra Estados Unidos es oprobioso: «Tratado de Paz, Amistad, Límites y Arreglo Definitivo».

FRANCISCO:

Pero comienza: «En el nombre de Dios todopoderoso...».

ALEJANDRO:

Es un cinismo absoluto porque fue un despojo. Con toda la responsabilidad de los mexicanos en esa guerra y en su derrota, fue un despojo. Eso no se puede negar.

FRANCISCO:
Brindo por el bienestar de México.

BENITO:
Por la República.

FRANCISCO:
Si algo me enardece del Tratado de Guadalupe Hidalgo, evidentemente oprobioso, es que comience diciendo: «En el nombre de Dios todopoderoso». Para mí es una infamia, porque ¿cómo es posible que tanto mexicanos como estadounidenses hayan tomado el nombre de Dios para empezar a redactar el tratado?

EUGENIO:
Es el cinismo espiritual que siempre rodea estos momentos históricos.

BENITO:
Tanto cinismo por todos lados.

FRANCISCO:
Como mexicano hubiese dicho: «Oiga, mi primera observación: no vamos a poner "en el nombre de Dios todopoderoso"».

EUGENIO:
Pero sí es consecuente con el espíritu de los tiempos, porque inclusive la Constitución había adoptado la religión católica de Estado. No es para sorprendernos.

ALEJANDRO:
Además, ya habían perdido la mitad del territorio, que invocaran a dios, al diablo o a santa Eduviges en el tratado, era lo de menos.

EUGENIO:

¿Qué perdimos? Ese tratado es importante.

ALEJANDRO:

2400000 kilómetros cuadrados, la «mitad más grande», valga la expresión.

FRANCISCO:

Además era California.

BENITO:

Y Disneylandia.

EUGENIO:

Nuevo México.

ALEJANDRO:

Silicon Valley.

BENITO:

Los Ángeles.

ALEJANDRO:

Hollywood.

FRANCISCO:

L.A., sí, pero además parte de Utah, parte de Wyoming.

EUGENIO:

Parte de Arkansas, de Arizona.

FRANCISCO:

Además la ratificación, por parte del gobierno de Estados Unidos, de que la nueva frontera sería el río Bravo. Esto es muy importante. No perdamos de vista que la guerra arrancó porque el bendito presidente James K. Polk, el Mendaz, dijo: «Sangre norteamericana se ha derramado en territorio norteamericano». Y no era cierto, porque la sangre que se derramaba en Carricitos lo hacía al sur del río Nueces, y el río Nueces era la frontera entre Texas y Coahuila.

ALEJANDRO:
Como siempre los gringos, buscando un pretexto.

FRANCISCO:
La guerra se desata porque es en territorio mexicano donde se derrama sangre norteamericana, y fue una gran mentira. Gracias a esa gran mentira, perdimos.

EUGENIO:
Fue una infamia.

FRANCISCO:
Pero lo que pudimos haber hecho es: se pierde la guerra y se quedan con Texas nada más, por ejemplo.

EUGENIO:
Pero ya habían penetrado en California y Nuevo México. Se querían quedar con todo. Hubo un movimiento, que no fructificó, denominado *All Mexico*. Querían todo el país.

ALEJANDRO:
Pero era mínimo. No tenían en mente quedarse con México.

EUGENIO:
Porque no podían.

ALEJANDRO:

Porque, además, chocaban totalmente su pensamiento y la filosofía de trabajo con lo que eran los mexicanos.

FRANCISCO:

Es increíble que cuando la federación pide refuerzos a los estados de la República, muchos dijeron: «No es nuestro problema. No enviaremos soldados ni hombres».

ALEJANDRO:

Ahí está la responsabilidad de los mexicanos.

EUGENIO:

No supieron defenderse.

ALEJANDRO:

También era una guerra que tarde o temprano se iba a librar. Pero, aunque el *hubiera* no existe, insisto: si los mexicanos se hubieran comportado de manera diferente, con unidad, con aplomo, con dignidad...

EUGENIO:

... y el gobierno también, hubieran derrotado a los ejércitos yanquis.

ALEJANDRO:

No creo que los hubieran derrotado.

EUGENIO:

Claro, en la Angostura los hubieran derrotado.

ALEJANDRO:

Pero una batalla no define la guerra. Venía la invasión por todos lados. Pero quizá la manera como negocias la derrota no te lleva a perder dos millones y fracción de kilómetros cuadrados.

EUGENIO:

Había una lana de por medio. Se contempló el pago de quince millones de dólares como...

ALEJANDRO:

... como si fuera una compra-venta...

EUGENIO:

... como compensación por los territorios perdidos.

FRANCISCO:

Pero la idea era, Eugenio, saco una pistola, te la pongo en la cabeza y te digo: quiero que me vendas...

ALEJANDRO:

Como en *El Padrino*...

FRANCISCO:

... que me vendas en un peso. O me das tu anillo o te mato. ¿Así es como se va firmar un tratado si careces del ingrediente número uno: la libertad de contratar? No tengo libertad de contratar.

EUGENIO:

Como ocurrió cuando se firmó el Tratado de la Mesilla, otro tratado oprobioso, en 1853, por el que se pierde otra fracción de 77 000 kilómetros cuadrados, conocido en Estados Unidos como «la compra de Gadsden».

FRANCISCO:

Y aquí quiero poner el acento, Eugenio, porque he recibido correos diciendo que Juárez vendió territorio. Juárez jamás vendió un metro cuadrado de territorio. Ya lo veremos más adelante.

ALEJANDRO:

Qué bueno que lo mencionas, para entrar de lleno en el muy polémico, en el absolutamente polémico, Tratado McLane-Ocampo.

FRANCISCO:

Pero quiero concluir: quien sí vendió fue Santa Anna, a pesar de que ya habíamos perdido 2 400 000 metros cuadrados. Por su culpa, bueno, entre otras razones, se vendió la Mesilla.

EUGENIO:

Y el dinero que Santa Anna recibió, diez millones de pesos, lo echó en su bolsillo y los usó para el boato de su corte, como dictador, etcétera; no lo utilizó para fortalecer al país ni crear nada.

FRANCISCO:

No, qué va, si era un bandido.

ALEJANDRO:

La gran acusación que se le hace a Juárez por el MacLane-Ocampo es que fue un entreguista, que quería vender a Estados Unidos el istmo de Tehuantepec y algunos otros puntos...

FRANCISCO:

... Guaymas y...

ALEJANDRO:

... entonces, sobre eso, platiquemos.

FRANCISCO:

No se puede analizar el Tratado MacLane-Ocampo sin antes abordar el de Mon-Almonte. Éste se suscribe, si no recuerdo mal, en septiembre de 1859, y el MacLane-Ocampo dos, tres meses después...

ALEJANDRO:

... en diciembre...

FRANCISCO:

... en diciembre de 1859. Fue una respuesta de Juárez y su flamantísimo secretario de Relaciones Exteriores, Melchor Ocampo, ante esta suscripción del tratado, donde los conservadores dijeron: «nos responsabilizamos por las deudas, aceptamos las deudas, a cambio del reconocimiento de España, y les vamos a dar dinero y apoyo militar».

EUGENIO:

Cabe recordar que Juan Nepomuceno Almonte también fue un grandísimo traidor.

ALEJANDRO:

Sí, pero hay que ser claros. Si tú comparas lo que ofrece el gobierno liberal de Juárez —y yo soy totalmente juarista y republicano— a Estados Unidos, en el Tratado MacLane-Ocampo, con lo que ofrece el gobierno conservador a España, el tratado de Mon-Almonte es el último día de clases en un kínder. Yo lo entiendo en el contexto del liberalismo económico y todo lo que se estaba sucediendo, pero realmente las cláusulas del MacLane-Ocampo, a la vista de lo que hoy significa el nacionalismo y la soberanía, parecería un entreguismo, aunque lo que Juárez buscaba era un desarrollo económico similar al de Estados Unidos.

EUGENIO:

Buscaba el reconocimiento de su gobierno por parte de Estados Unidos para evitar un conflicto más grave del que ya tenía.

FRANCISCO:

Ése es el primer punto, pero hay otro. Cuando Juárez estuvo en Nueva Orleans conoce las locomotoras, los trenes, y él lo que quiere es empezar a unificar el país, a modernizarlo, entonces dice: «voy a crear esta servidumbre», porque en realidad él no está vendiendo territorio.

EUGENIO:

Lo está dando en usufructo.

FRANCISCO:

Juárez dice también y lo sostiene, y yo estoy de acuerdo con él, y cualquier abogado lo estaría: «No existen las obligaciones eternas, le tocará a otra generación modificarlas, en los términos de la soberanía de México...».

ALEJANDRO:

Sin embargo, el tratado sí dice «a perpetuidad».

FRANCISCO:

Sí, dice «a perpetuidad», pero no hay obligaciones eternas.

EUGENIO:

Ésa es la cláusula oprobiosa: «a perpetuidad», que desató la animadversión de los mexicanos conservadores.

ALEJANDRO:

Hoy en día hay mucha gente que dice que Juárez es un traidor y vendepatrias.

EUGENIO:

Si observamos la evolución de los tratados, podemos ver en los primeros que Estados Unidos se fue apoderando de territorio. En el MacLane-Ocampo, ya no intenta apoderarse de territorio, sino simplemente de lograr el dominio con fines comerciales.

FRANCISCO:

Derecho de paso...

EUGENIO:

... que tanto les importaba entre el este y el oeste, entre el Atlántico y el Pacífico, que habían estado...

FRANCISCO:

... que finalmente logran con el Canal de Panamá, pero ya en el siglo XX. Lo importante es el apoyo militar que recibe Juárez para contrarrestar el apoyo militar que estaba recibiendo el ejército conservador en la guerra de Reforma. Soy consciente de que no hay obligaciones eternas. Esto que se establece en el tratado, ahí está, no se puede negar, «a perpetuidad«, era algo...

EUGENIO:

... inoperante...

FRANCISCO:

Juárez dijo, desde el principio, que le tocaba a otra generación esto, «por lo pronto vamos a comunicar a este país, vamos a crear una servidumbre de paso, vamos a ganar cuatro millones de dólares».

EUGENIO:

Juárez se portó con una gran inteligencia.

ALEJANDRO:
Yo creo que se la jugó.

EUGENIO:
Pero con gran inteligencia.

ALEJANDRO:
Se la jugó y le salió bien. Pudo haberle salido mal, y entonces, hubiera sido un desastre.

FRANCISCO:
Vale aclarar que ninguno de los dos tratados fue ratificado, ni el MacLane-Ocampo ni el Mon-Almonte.

ALEJANDRO:
Por eso le salió tan bien. José Fuentes Mares, uno de los mejores historiadores del siglo XX, dijo: «Dios era juarista». Lo apoyaron económicamente, reconocieron su gobierno. Era importantísimo que Estados Unidos reconociera al gobierno de Juárez. Le dieron armas, todo. Ganó la guerra. Pero, a la mera hora, fueron los propios estadounidenses quienes no ratificaron el tratado McLane-Ocampo, porque eso significaba darle mayor poder a los estados sureños, y la guerra de Secesión estaba en ciernes.

FRANCISCO:
¿Con qué te quedas, Eugenio?

EUGENIO:
Me quedo con que debemos ser muy cuidadosos con los tratados que firma nuestro país, porque siempre nos han comprometido a cuestiones deplorables, que no han sido beneficiosas. Por eso la palabra *tratado* hay que verla con lupa.

ALEJANDRO:

Creo que finalmente los tratados se desenvuelven en el ámbito de las relaciones con el mundo, o incluso en el de las propias circunstancias internas. Considero que responden a cada circunstancia y hay que ver ésta siempre; porque es muy fácil analizar la historia desde nuestro presente, y entonces interpretamos todo como si fuera en 2014. Pero no. Debemos irnos al momento en que ocurrieron los hechos: 1848, 1859. Es decir, analizar el contexto, porque si no cometemos el error de juzgar sin conocer las condiciones bajo las cuales se firmaron esos tratados.

EUGENIO:

Son apreciaciones falsas.

ALEJANDRO:

Entonces malogras la historia.

BENITO:

Hay un tratado bueno, firmado e impulsado por México: el Tratado de No Proliferación de Armas Nucleares.

ALEJANDRO:

1967.

BENITO:

Y gracias al cual luego gana el Premio Nobel de la Paz…

ALEJANDRO:

… Alfonso García Robles.

FRANCISCO:

Yo me quedo con el TLCAN que, si bien es cierto es perfectible —como todo—, implica la exportación de mil millones de dólares diarios, en el comercio entre México y Estados Unidos. Me parece una verdadera maravilla.

EUGENIO:

Pero no puedes negar que nos chamaquearon.

ALEJANDRO:

Ya que empezaron a mencionar algunos tratados del siglo XX, hablemos de lleno sobre ellos.

FRANCISCO:

Nada mejor que comenzar el siglo XX con el primer gran tratado, el de Ciudad Juárez, que me parece muy importante, porque con él culminan los más de treinta años de oprobiosa dictadura, tiránica, de Porfirio Díaz. Éste es el contexto en el cual podríamos arrancar.

EUGENIO:

A mí me gustaría dar unos pequeños antecedentes de estos tratados, los cuales se firman una vez que Francisco Villa y Pascual Orozco han tomado Ciudad Juárez, han derrotado al general Juan N. Navarro y han creado las condiciones para que se puedan celebrar.

FRANCISCO:

Pero tomaron Ciudad Juárez en contra de la voluntad de Francisco I. Madero. Madero le dice a Orozco y a Pancho Villa: «No tomen Ciudad Juárez, tengo la preocupación de que el conflicto armado pueda afectar en El Paso, Texas y como consecuencia tengamos un conflicto diplomático...».

EUGENIO:

... con Estados Unidos.

FRANCISCO:
Orozco ignora a Madero, Villa ignora a Madero, toman Ciudad Juárez, y en ese momento se rinde Porfirio Díaz.

EUGENIO:
Pero qué bueno que lo ignoraron, porque Madero titubeaba tanto que no podían hacer bien las cosas.

FRANCISCO:
Lo importante es que toman Ciudad Juárez y renuncia Porfirio Díaz con el ejército federal intacto.

ALEJANDRO:
Pero ése es el punto.

EUGENIO:
Ésos son los antecedentes.

ALEJANDRO:
Los puntos del Tratado de Ciudad Juárez propiamente son tres. Uno es la renuncia del presidente Porfirio Díaz; no había de otra, debían renunciar él y el vicepresidente Ramón Corral. Luego hay dos puntos, que generalmente constituyen la crítica a Madero: que haya aceptado a Francisco León de la Barra como presidente interino. El interinato de León de la Barra...

FRANCISCO:
... no, por favor...

EUGENIO:
... fue un error terrible.

ALEJANDRO:
Y el último punto es haber licenciado a las tropas re-

volucionarias y dejar al ejército porfiriano. Es decir, al ejército que había hecho la Revolución lo manda a su casa y se queda con el ejército que era su enemigo para salvaguardar las instituciones.

EUGENIO:
Y lo deja con el mismo estatus, el fuero y todas las taras que tenía.

ALEJANDRO:
¿Por qué actúa así Madero? Uno diría que por ingenuo o tonto. Yo creo que porque él estaba tan convencido de la ley y la institucionalidad, que se ajustó a lo que marcaba la Constitución en cuanto a quién debía ocupar la presidencia y finalmente el ejército maderista era un ejército irregular.

EUGENIO:
Era demasiado legalista.

ALEJANDRO:
Madero consideró que se había roto el Estado de derecho con la Revolución, durante esos seis meses de lucha, y lo que quiso hacer con los Tratados de Ciudad Juárez fue...

BENITO:
... reconstruir

ALEJANDRO:
... volver inmediatamente al Estado de derecho. ¿Cómo? Algo que la Constitución de 1857 decía era que, en caso de que faltaran el presidente y el vicepresidente, quien debía asumir interinamente la presidencia era el secretario de Relaciones Exteriores, que era De la Barra.

FRANCISCO:

Debió nombrar a José María Pino Suárez secretario de Relaciones, para que él hubiera sido el presidente. No vas a entregarle la Iglesia a Lutero.

ALEJANDRO:

Yo estoy totalmente de acuerdo. Fue un error político, pero Madero no podía nombrar al secretario de Relaciones Exteriores.

FRANCISCO:

En ese momento sí.

ALEJANDRO:

No, porque no era presidente.

FRANCISCO:

No, ya sé, pero entonces lo hubiera nombrado Porfirio Díaz antes de irse.

ALEJANDRO:

Yo creo que era imposible. No iba a pasar eso.

FRANCISCO:

No, no iba a pasar eso.

ALEJANDRO:

Luego, obviamente, el ejército es el que venía desde la época de Juárez. Ahí es donde se resguardaban las instituciones, y también, increíblemente, lo deja.

EUGENIO:

Y también esto de la desmilitarización de las fuerzas rebeldes, de las fuerzas revolucionarias, le cae como gota de azufre a Emiliano Zapata, porque él dice: «Yo no le entro a esto».

ALEJANDRO:
Y muchos no querían.

EUGENIO:
No, para nada.

BENITO:
Los tratados de Ciudad Juárez consignan la retirada de Díaz como presidente.

EUGENIO:
Y de Corral.

BENITO:
¿Y qué más?

ALEJANDRO:
Se acepta el interinato de León de la Barra como presidente. Él iba a gobernar durante los siguientes seis meses y básicamente su función era convocar a elecciones.

FRANCISCO:
Le pudo haber costado todo el movimiento a Madero.

BENITO:
Y le costó.

EUGENIO:
Había ahí un gazapo interesante: Madero podía nombrar a veintitantos gobernadores y a los ministros del gabinete de León de la Barra, lo cual tendía a crear cierto equilibrio de fuerzas y permitiría una transición más tranquila.

BENITO:

¿Se han dado cuenta de que, cada vez que Madero hacía algo, tomando la Constitución como base, como norma, le iba como en feria? Es una especie de malísima broma. ¿Estamos de acuerdo? Cada vez que intentaba aplicar la ley e irse por la vía legal todo terminaba mal.

EUGENIO:

Es que la esencia de una revolución es derrocar todo lo preexistente y establecer nuevas reglas.

FRANCISCO:

Por eso es que resulta inadmisible que hubiera nombrado a León de la Barra presidente interino. Fue un error grave, porque el propio León de la Barra pudo haber llamado al ejército porfirista en la inteligencia de que Madero no lo había desmantelado.

EUGENIO:

León de la Barra sí reconocía el triunfo de Madero en las elecciones.

BENITO:

Sin embargo, los Tratados de Juárez logran lo que todos querían: que Porfirio Díaz subiera al *Ypiranga*.

FRANCISCO:

Y se fuera.

EUGENIO:

Y crear un estadio de paz, porque se veía venir lo que iba a ser la revolución, ya podían presumirlo, iba a ser terrible.

ALEJANDRO:

Creo que hay un ejemplo importante para lo que está sucediendo hoy en México con las autodefensas y demás. A pesar de que Madero firma y acepta que las tropas revolucionarias, de los distintos lugares del país, sean licenciadas, es decir, entreguen las armas y regresen a su vida pacífica, la mayor parte de ellas se opusieron y las guardaron, se quedaron con ellas, dando guerra mucho tiempo. Ésas son las llamadas de atención de la historia. Es muy fácil decir: «A ver, ármense, los apoyamos, aquí está el dinero», pero luego esos procesos terminan muy mal; no tienen final feliz. Entonces a los Tratados de Ciudad Juárez no hay quien pueda defenderlos, a menos de que seas un legalista y digas: «no, es que Madero sí tenía razón, no quiso romper el orden constitucional», pero en los hechos debía haberlo roto y acabar con todo, porque era una revolución, porque era atípica, porque se había roto cualquier viso de normalidad. Madero no era alguien que debía estar ahí, gobernando en ese momento, porque no correspondía con su época.

EUGENIO:

Y ése fue su gran error: conservar todo el aparato porfirista.

FRANCISCO:

Pero además te lo dice la historia: quien hace la revolución a medias cava su propia tumba.

ALEJANDRO:

Carranza lo decía: «Revolución que transa, revolución que se suicida».

FRANCISCO:

Madero hizo la revolución a medias y mira cómo acabó.

Pero los errores de un político no los paga nada más el político.

BENITO:
Nunca los paga el político, los paga el pueblo.

FRANCISCO:
Aquí sí los pagó el político, porque lo mataron.

BENITO:
Pero mucho tiempo después.

FRANCISCO:
No.

BENITO:
¿Cuántos años después?

FRANCISCO:
Lo matan dos años después.

EUGENIO:
Sus errores eran tan garrafales que era un suicidio anunciado.

BENITO:
Siguiente tratado.

FRANCISCO:
Quisiera decir algo más. ¿Por qué Porfirio Díaz renuncia a la Presidencia de la República cuando el ejército federal está intacto? La escaramuza de Ciudad Juárez no acabó con el Ejército Mexicano.

EUGENIO:

Creo que las razones son muy personales. Ya estaba muy viejo; se había dado cuenta de que el pueblo ya no lo quería, lo detestaba. Era una salida, digamos, digna, decorosa.

ALEJANDRO:

Además, acuérdense de que en esos días tiene una terrible infección en la mandíbula...

FRANCISCO:

... en la muelas.

ALEJANDRO:

Que se la va a curar hasta seis meses después a Interlaken, en Suiza. Eso por un lado, y por otro lado, creo que realmente ya era un ejército envejecido; un ejército que, además, se había acostumbrado a pelear, pero en represión, es decir, contra los yaquis, contra los mayas, contra los obreros...

BENITO:

... no contra otra fuerza armada.

ALEJANDRO:

La última vez que había combatido bien fue en tiempos de la Intervención.

FRANCISCO:

Yo tengo otra lectura. Cuando el presidente William Howard Taft manda veinte mil hombres a la frontera para que la conflagración mexicana no cruzara la frontera, el presidente Díaz se da cuenta de que el gobierno de Estados Unidos ya no lo iba a apoyar; sobre todo cuando había dado tantas concesiones a los ingleses.

EUGENIO:

Tenía que irse.

FRANCISCO:

Por eso, con el ejército intacto Porfirio Díaz dice «hasta aquí».

EUGENIO:

Creo que los tratados fueron un pequeño *impase* en el desarrollo de una revolución sangrienta.

BENITO:

Y son de los menos oprobiosos, si los ponemos sobre la mesa con el resto de los tratados.

ALEJANDRO:

Además, eran tratados para el momento.

FRANCISCO:

Yo no diría que fueron oprobiosos.

BENITO:

Por eso, no, no son oprobiosos como el resto. Lo que estoy diciendo es que el resto de los tratados firmados por el Estado...

FRANCISCO:

... son tratados (los de Juárez) que, finalmente, consolidan todo un movimiento.

ALEJANDRO:

Pasemos a los Tratados de Teoloyucan, firmados el 13 de agosto de 1914, que se resumen en: «Lo que no hizo Madero, nosotros sí lo hacemos». El general Álvaro Obregón los firma, como representante del primer jefe del Ejército Constitucionalista Venustiano Carranza, con los representantes del régimen de Victoriano Huerta. Y establecen la disolución del ejército federal. Ahí sí no hubo piedad. Disolvió totalmente a ese ejército y pactó la entrega de la Cuidad de México. Ahí se acaba el viejo ejército que venía desde la época de la Reforma y la Intervención.

EUGENIO:

El ejército que ya estaba anquilosado, que ya no servía para mucho.

FRANCISCO:

Ese tratado establece el final de la dictadura del Chacal.

EUGENIO:

De Victoriano Huerta.

ALEJANDRO:

Y de los abusos propios del ejército, en los que ya había incurrido desde hacía mucho tiempo.

EUGENIO:

Porque no hay que olvidar que el Chacal era parte del ejército.

FRANCISCO:

La cabeza del ejército.

EUGENIO:

Era parte de la corrupción del ejército.

FRANCISCO:

Son tratados también históricos. Tampoco son oprobiosos. Lo que pasa es que los Tratados de Teoloyucan tampoco lograron la paz en el país. La Revolución ya se había escindido cuando derrotan a Huerta. Villa y Carranza ya tenían serias diferencias. Intentaron llegar a la paz en la famosa Convención de Aguascalientes, pero no se pusieron de acuerdo obregonistas, carrancistas y villistas. Y meses después estalló la última parte de la Revolución. Estuvieron bien los Tratados de Teoloyucan para culminar con la dictadura sanguinaria de Huerta, pero la Revolución siguió.

ALEJANDRO:
No hubo un acuerdo de paz, por más que se hizo el esfuerzo, en la Convención de Aguascalientes —que por cierto también en este 2014, en octubre, cumple cien años. Es el reflejo de nuestra incapacidad para ponernos de acuerdo, y más cuando la situación del país es grave. Realmente todo el mundo se hizo güey —valga la expresión— en la Convención de Aguascalientes, sólo querían ganar tiempo, organizarse y esperar a 1915 para enfrentarse entre sí.

EUGENIO:
Cada quien remaba en sus aguas, y cada quien comía para sí mismo.

FRANCISCO:
Usaste una expresión muy afortunada, Alejandro.

EUGENIO:
¿Que todos se hicieron güeyes?

FRANCISCO:
No, el trabajo que nos ha costado en este país ponernos de acuerdo. Eso de ponernos de acuerdo...

ALEJANDRO:
... no se nos da.

FRANCISCO:
Pero, además, es como tener un automóvil de tres ruedas redondas y una cuadrada; el no ponernos de acuerdo, el que cada quien quiera inventar un nuevo país, el que cada quien piense que el otro es un vendido.

EUGENIO:
Los intereses de grupo son terribles.

BENITO:
Esta metáfora preciosa del coche que acabas de hacer me retrotrae a que México es un país con las cuatro ruedas cuadradas.

FRANCISCO:
Vamos a uno de los tratados más controvertidos, cuestionados, tristes, lamentables, patéticos, de la primera mitad del siglo XX: los Tratados de Bucareli. ¿Cuál es el contexto de estos tratados? Parece que los han escondido. Yo por lo menos no he tenido acceso al documento.

ALEJANDRO:
Para empezar hay que decir que son oprobiosos, porque finalmente la política mexicana se vuelve pragmática. Hablemos de claridad. La política del presidente Obregón, por necesidades políticas de su gobierno, decide aceptar condiciones inaceptables.

BENITO:
Pero contémoslo. Digamos a nuestros amigos lectores qué pasó.

ALEJANDRO:

Estamos hablando de 1923. Se acerca la sucesión presidencial. El presidente en ese momento es Obregón. El candidato a la presidencia, impuesto, es Plutarco Elías Calles. Entonces Adolfo de la Huerta se molesta, pues quiere ser presidente. El ambiente mexicano huele a una guerra que planea De la Huerta, pues se opone a la imposición de Calles.

FRANCISCO:

Porque una buena parte del ejército no quería a Plutarco Elías Calles.

ALEJANDRO:

Entonces Obregón lo que necesita urgentemente en ese momento es el reconocimiento del gobierno de Estados Unidos. No lo tenía por el golpe de Estado que él mismo había dado contra Carranza en 1920.

FRANCISCO:

Y el reconocimiento no se lo quería dar Estados Unidos, en tanto no se diera marcha atrás a la Constitución de 1917 en materia petrolera.

ALEJANDRO:

Sobre todo el artículo 27 constitucional, el cual establecía que acerca de las cuestiones del suelo y el subsuelo no habría retroactividad —de hecho, la Constitución en general habla de la no retroactividad de la ley.

EUGENIO:

Es un principio legal internacional, no sólo de la Constitución.

ALEJANDRO:

No puede haber retroactividad de la ley en perjuicio de nadie.

FRANCISCO:

Una constitución es tan amplia como se desee. Claro que puede operar retroactivamente la Constitución.

EUGENIO:

Es un principio internacional de derecho el que no se puede dar aplicación retroactiva en perjuicio de persona alguna.

FRANCISCO:

Pero esos principios internacionales no tienen ninguna validez en tanto la Constitución... La Constitución de 1917 decía que el suelo y el subsuelo son propiedad de la nación, se acabó.

BENITO:

Lo terrible de esos tratados es que Obregón violenta la Constitución y al país, el artículo 27 y a todo para afianzar su poder.

ALEJANDRO:

Sólo para lograr garantizarse el apoyo de Estados Unidos y derrotar a sus enemigos.

FRANCISCO:

Pero, ¿qué dicen los gringos? Que el suelo y el subsuelo son propiedad de la nación sólo de la Constitución de 1917 en adelante; pero todos los derechos adquiridos con anterioridad a ese año por ingleses, estadounidenses y holandeses, en términos petroleros y mineros, debe respetarlos el gobierno mexicano.

EUGENIO:

Eso era una falacia.

ALEJANDRO:

Es una interpretación de la ley.

FRANCISCO:

Y la Constitución dice: «no, son propiedad de la nación los que se hayan adquirido antes y los que se vayan a adquirir después».

EUGENIO:

El problema aquí era el petróleo. La avaricia sobre el petróleo, eso está muy claro.

BENITO:

Y la avaricia mexicana firma los tratados para lograr mantenerse en el poder.

EUGENIO:

El pretexto para estos tratados es el que se utilizó durante muchos años: las reparaciones a los daños de los ciudadanos estadounidenses por las guerras y las revueltas.

FRANCISCO:

El pretexto de siempre: indemnizar a los estadounidenses por los daños sufridos durante la Revolución.

EUGENIO:

Pero la parte profunda de este tratado es la que señalaban ustedes respecto del subsuelo y la retroactividad de la aplicación de un artículo constitucional.

BENITO:

Pero ahí, ¿qué sucede, Francisco? Porque es un tema que

conoces a fondo. El tema es el asesinato del senador Francisco Field Jurado.

FRANCISCO:

Lo que quería Field Jurado era que no hubiera el quórum necesario para aprobar los tratados. Él se las arreglaba siempre para manipular el quórum. Entonces desespera a Obregón. Éste, como decíamos, deseaba suscribir rápidamente los tratados por una razón elemental: quería tener acceso al crédito y a las armas gringas. ¿Para qué el crédito? Para imponer por la fuerza a Plutarco Elías Calles.

ALEJANDRO:

Y además, para cerrarles la frontera a los revolucionarios. Si el gobierno de Estados Unidos reconoce a Obregón, hay una ley de embargo según la cual ya ninguna otra fuerza beligerante al gobierno de Obregón pueda adquirir armas ni municiones ni nada de Estados Unidos.

BENITO:

¿En qué año se firman los Tratados de Bucareli?

ALEJANDRO:
En 1923.

FRANCISCO:

¡Fíjate nada más la visión de Obregón! Sabía perfectamente bien que si él imponía a Plutarco Elías Calles por la fuerza, necesitaba el dinero y apoyo de Estados Unidos. Entonces, se firman los tratados, se inicia el movimiento delahuertista y Obregón aprovecha para liquidar al 70% de la oficialidad mexicana que apoyó a De la Huerta, pero que había ayudado nueve años antes, a

Obregón y a Carranza para acabar con Huerta y luego con Villa. Ahí podemos hablar de una traición.

ALEJANDRO:
Ahí podríamos hablar de una purga...

EUGENIO:
... tipo estalinista. Pero yo sí me atrevería a pensar que Calles y Obregón se pusieron de acuerdo acerca de cómo negociar ese tratado; lo firma Obregón, y una vez en el poder, Calles lo desconoce.

ALEJANDRO:
O no, pues Calles quiso marcar su distancia de Obregón. «Tú firmaste esto por güey; yo soy el presidente ahora», y en 1925 intenta expedir la ley del petróleo, a partir de la reglamentación del artículo 27, pero Estados Unidos amenaza casi con una invasión.

FRANCISCO:
Pero sí llega a promulgar la ley.

ALEJANDRO:
Sí, pero no la pone en vigor, porque nuevamente presionan los estadounidenses, y estalla, además en 1926, la guerra Cristera.

FRANCISCO:
Porque volvemos a lo mismo. A lo que está pasando ahora. Es cierto que la Constitución de 1917 hablaba sobre que el suelo y el subsuelo son propiedad de la nación, pero faltaban las leyes secundarias. Cuando el presidente Calles quiere aplicar la ley secundaria y la promulga, se le viene prácticamente encima otra invasión armada estadounidense.

ALEJANDRO:

En nuestros cinco minutos contra el clero, yo hablaría de los siguientes tratados, los que ponen fin a la guerra Cristera, en 1929, en los cuales la Iglesia, la alta jerarquía católica, termina traicionando a los cristeros.

FRANCISCO:

Ahí está el embajador estadounidense Dwight Morrow. En treinta días, a partir de su llegada a México, deroga la ley petrolera del presidente Calles. Por eso decían que Morrow tenía poderes hipnóticos sobre Plutarco Elías Calles.

ALEJANDRO:

Era la famosa política de los *ham and eggs*. El desayuno de huevos con jamón, en Cuernavaca, muchas veces, entre Morrow y Calles. Ahí negociaban todo.

FRANCISCO:

Hoy en día hay una calle en Cuernavaca que se llama Dwight Morrow.

EUGENIO:

Aunque Calles le agregaba un poco de chilito a estos desayunos.

ALEJANDRO:

Yo creo que Morrow le agregaba un poco de chilito a Calles.

FRANCISCO:

No es creíble que cuando el presidente de Estados Unidos dice «no puedo hacer ya la invasión armada a México» es porque el presidente Calles descubre todo ese movimiento y le ordena a Lázaro Cárdenas, quien estaba en Tampico y Veracruz: «Tan pronto veas la chimenea de un crucero de guerra de Estados Unidos incendia los pozos petroleros; si no son de México no serán para nadie». Ya se veía venir la intervención en 1927. Finalmente no se da, porque se descubre el plan, y Calles lo quiere enviar a la Sociedad de Naciones para publicar este atraco en contra de los intereses de México. En lugar de eso, la política de la Casa Blanca cambia y le mandan a Dwight Morrow. En treinta días, éste hace que Calles derogue la ley petrolera, que era la aplicación de la Constitución de 1917.

BENITO:

Pero abordemos otro tratado. El TLCAN es uno de los más oprobiosos que ha habido en este país: el embargo atunero; la imposibilidad de la entrada de camiones mexicanos en Estados Unidos, cuando ellos entran como por su casa; el embargo al aguacate nacional. O sea, nos ha ido como en feria con el Tratado de Libre Comercio de América del Norte.

FRANCISCO:

Discrepo en términos absolutos. Pensemos en este país, en este momento, sin el TLCAN, porque a partir de este tratado se han suscrito más de treinta y tantos...

EUGENIO:

... hay muchísimos tratados, bilaterales y multilaterales, del Pacífico y...

FRANCISCO:

... de comercio, que implican libre competencia...

BENITO:

... libre competencia entre comillas.

FRANCISCO:

Son quinientos mil millones de dólares lo que vale el comercio entre México y Estados Unidos, gracias al TLCAN. ¿Por qué? Porque se acabaron los aranceles, lo cual facilita el intercambio.

ALEJANDRO:

Sí tiene aspectos muy positivos, pero el proceso que nos llevó de 1994 a la fecha fue a sangre y fuego. Muchas empresas quebraron porque no estábamos preparados. Lo oprobioso ahí es que nuevamente nos la aplicó el gobierno priista; en este caso Salinas de Gortari, porque era su proyecto y quería sacarlo sin importar si nuestra economía estaba a la altura de las de Canadá y Estados Unidos, que no lo estaba. Aprendimos a golpes.

FRANCISCO:

A ti no te voy a preguntar [Benito], pero ¿tú con qué te quedas?

ALEJANDRO:

Yo me quedo con el Tratado de Libre Comercio de América del Norte. Creo que, a pesar de todo, aquí estamos.

BENITO:

No voy a decir nada. Me parece oprobioso el Tratado de Libre Comercio.

EUGENIO:

Yo me quedo con lo que no quiso decir Benito.

FRANCISCO:

Yo creo que es uno de los grandes tratados de México...

BENITO:

   ¡No, hombre, por Dios!

FRANCISCO:

   Bueno, digamos salud por México.

3
¿LA TIERRA ES DE QUIEN LA TRABAJA?

෩

México nació a la vida independiente bajo la idea que extendió Alejandro von Humboldt, luego de recorrer el vasto territorio de la Nueva España: «México es el cuerno de la abundancia». Sin embargo, la mayor parte del territorio nacional, por las características físicas, es improductiva. Esto no importó para defender en distintos momentos de la historia el derecho a la tierra. Pero el campo mexicano ha sido y es un fracaso. En México, ¿realmente puede decirse que la tierra es de quien la trabaja?

FRANCISCO:

Creo que en México existen muchísimos mitos. Una buena parte de lo que hacemos en este feliz conciliábulo, cuando nadie nos escucha, es precisamente tratar de acabar con esos mitos, desmitificar este país para acercarnos lo máximo posible a la verdad. En el entendido de que nunca llegaremos a la verdad, porque la...

BENITO:

... la verdad es esquiva...

EUGENIO:

... es resbalosa...

FRANCISCO:

... y además, siempre hay nuevos descubrimientos, y cuando tú crees que ya llegaste a la verdad, se descubre una maleta que tiene cinco mil fotografías desconocidas que aportan nuevos datos. Así es la historia.

ALEJANDRO:

Creo que el asunto es tratar de empatar la percepción con la realidad, porque aquí se pierde la percepción, en medio queda el mito y del otro lado queda la realidad. Es como la línea divisoria.

EUGENIO:

Como este mito que nos congrega hoy: la tierra es de quien la trabaja. Y yo me pregunto: ¿cuándo la tierra ha sido de quien la trabaja? Analicemos esto.

FRANCISCO:

Ése es un buen punto. Analicemos si la tierra es de quien la trabaja. Si es cierto o no.

EUGENIO:

Y ¿cuándo ha sido?

BENITO:

Y por ahí le podemos dar un llegue al mito del campo mexicano. El desastre del campo mexicano, que ha sido continuado y terrible.

FRANCISCO:

¿Cuándo comienza la gran catástrofe del campo mexicano? Porque el ejido, el *calpulli*, en los años precolombinos, fue un éxito agrícola notable, que permitió la expansión del imperio. Ahí sí tenemos un campo exitoso.

EUGENIO:

Sin embargo, los frutos no eran de quien trabajaba la tierra. Todos eran tributarios del gran *tlatoani*. Entonces, a fin de cuentas, la pregunta interesante es: ¿la tierra, realmente ha sido alguna vez de quien la trabaja?

FRANCISCO:

En esa época la tierra no era de ellos, el producto de la tierra era para la alimentación de los aztecas. Cuando lees la historia del *calpulli*, ves que los agrónomos aztecas decían: «esta tierra que tiene —en métrica actual— diez hectáreas, te debe producir tanto de maíz, en esta temporada en la que vamos a sembrar». Si tú no producías esa cantidad de maíz establecida, al año siguiente...

EUGENIO:

... te daban cuello.

FRANCISCO:

... estabas apercibido de que te quitaban el *calpulli*, te mandaban de esclavo a otro *calpulli* y dejabas de ser el titular del *calpulli*.

BENITO:

Pero vayamos a un poco antes. La tierra sí era de quien la trabajaba cuando no existía la propiedad privada como tal. Quiero decir, tú vivías aquí, plantabas este trozo y trabajabas esta tierra que te daba sustento.

FRANCISCO:

Y los productos de la tierra eran para ti también.

EUGENIO:

Eran los cultivos de subsistencia. Estoy recordando, con la mención que hiciste, que uno de los métodos de cultivo más eficaces era la chinampa, la tierra flotante en donde sembraban.

BENITO:

Y las terrazas también.

FRANCISCO:

Todo eso se destruyó.

EUGENIO:

Si nos vamos a la Colonia —y en esto Alejandro podrá abundar mucho— eran dos los propietarios de la tierra en la Nueva España: la Corona por un lado y la Iglesia por el otro.

FRANCISCO:

Pero viene la institución española de la encomienda. Es importante ver cómo el *calpulli* se traduce después, con la Conquista, en la encomienda. A cada conquistador español —que para mí eran invasores— se le entregaba una superficie gigantesca de tierra, hasta donde le alcanzara la vista, y además le daban una dotación de cinco mil a diez mil indios.

EUGENIO:

Los peones que la trabajaban.

ALEJANDRO:

A cambio de, supuestamente, el cuidado de ellos, la evangelización, lo cual no funcionó y terminó en una explotación tremenda.

EUGENIO:

Se aplica el sistema feudal del Medioevo.

BENITO:

Era esclavitud.

EUGENIO:

Era esclavitud. Los peones acasillados de las encomiendas trabajaban para el encomendero, quien luego se convertiría en hacendado.

FRANCISCO:

Y en condiciones oprobiosas. Por eso se pensó, inclusive, en traer negros a México, y animales de carga.

EUGENIO:

Se trajeron, no sólo se pensó.

FRANCISCO:

Sí, porque los indígenas se morían como moscas por el esfuerzo sobrehumano al que eran sometidos.

EUGENIO:

Y por las epidemias.

ALEJANDRO:

Sobre todo en el siglo XVI, la población decrece y es básicamente por las enfermedades. Las grandes epidemias de la segunda mitad del siglo XVI son las que acaban casi con la población nativa.

EUGENIO:

El 90%.

ALEJANDRO:

Por eso la necesidad de traer esclavos negros. Es increíble, para no someter a tanto desgaste a la población nativa de América, mandas traer negros.

EUGENIO:

Que estás explotando también.

FRANCISCO:

Un país se lanza abiertamente al desarrollo, cuando ha resuelto su problema agrícola. México nunca ha podido resolver su problema agrícola. Y es notable cómo, al no resolver el problema agrícola, también hay traspiés industrial, bancario, etcétera.

EUGENIO:

Y la miseria permanece estancada durante siglos.

FRANCISCO:

No resolvimos el problema resuelto con los aztecas; en la Colonia, desde luego no, y menos en el Porfiriato. En el Porfiriato, setecientas familias eran dueñas de todo el país.

EUGENIO:

Durante la época colonial la hacienda fue la unidad de producción más eficaz para explotar el agro mexicano; también explotaba la mano de obra en una forma bestial.

BENITO:

Esclavitud con las tiendas de raya, donde no solamente hacías que los esclavos estuvieran ahí, sino que condenabas a la esclavitud a las futuras generaciones que tenían que pagar las deudas.

EUGENIO:

Porque eran heredadas.

BENITO:

O sea, una locura. La tierra es de quien la trabaja, es el grito de «Tierra y Libertad».

EUGENIO:

Que aparece con...

BENITO:

... en Morelos, con los zapatistas...

EUGENIO:

... con los Flores Magón, con Ricardo Flores Magón.

ALEJANDRO:

Lo interesante de eso, nuevamente —como ya lo hemos visto—, es que una cosa es lo que dice la ley y otra los hechos, la realidad. Las constituciones del siglo XIX, incluso la de 1857, establecen la abolición de la esclavitud, que en México todas las personas son libres, y de hecho, en teoría, los peones y la gente que trabajaba en las haciendas era libre. Nada más que por este tipo de mecanismos, como la tienda de raya, terminaban siendo esclavos, con deudas eternas, impagables.

FRANCISCO:

Y además, te pagaban con fichas.

BENITO:

Hoy, en 2014, los jornaleros agrícolas de un montón de lados siguen viviendo en condiciones de esclavitud.

FRANCISCO:

Lo que convendría, a lo mejor, es ver cómo se destapa, cómo estalla el movimiento agrícola en Morelos. ¿Por qué llega precisamente Zapata a decir «La tierra es de quien la trabaja» y «Tierra y Libertad»? No hubiera habido ese estallido de violencia, con la tenacidad de ese gran mexicano que era Zapata, si no ha sido por que los productores de azúcar, todos los ingenios azucareros de Morelos, resuelven modernizarse y comprar maquinaria...

EUGENIO:

... que desplaza a la mano de obra.

FRANCISCO:

No solamente desplazaba a la mano de obra, sino que tenía una gran capacidad de procesamiento de caña. Digamos, si antes se podía procesar una tonelada de caña a la semana, con esta maquinaria nueva, importada, la misma tonelada se procesa en un mismo día. Por lo tanto la maquinaria se quedaba parada todo el tiempo, porque faltaba caña. ¿Qué debían hacer para tener más caña? Explotar la tierra. Entonces, lo que dice Zapata, empiezan las bardas movibles, porque los hacendados cada noche corrían las bardas...

EUGENIO:

... y se apoderaban de las tierras comunales de los pueblos.

FRANCISCO:

Así es. Un campesino de Morelos que podía ver a la distancia la barda, a cinco kilómetros, después de cierto tiempo le quedaba enfrente del corral y significaba morirse de hambre.

EUGENIO:

¿Y quiénes eran estos hacendados? Era Pablo Escandón, el jefe militar de la zona...

BENITO:

... Terrazas.

EUGENIO:

... era el yerno de Porfirio Díaz...

ALEJANDRO:

... Nacho de la Torre. Pero hay que ver, incluso, un poco más atrás. No hay una concepción en México, durante el periodo virreinal y los años posteriores a la Independencia, los inmediatos, las primeras décadas, en las cuales la tierra fuera pensada para un mercado interno.

Arrastramos de los siglos de dominación española al México independiente el modelo de la hacienda, sobre todo, de las órdenes monásticas, que realmente funcionaban como pequeños pueblos. Producían su maíz, frijol, hortalizas, etcétera, hacían su pan, es decir, eran autárquicas. Tenían valor en sí mismas, producían, vivía de ellas la gente y demás. Hacia el siglo XIX, cuando se consuma la Independencia, no hay tampoco ese sentido de qué hacer con la tierra mexicana ni hay un sentido liberal en cuanto al uso de la misma. El momento clave de todo eso es la ley de nacionalización de los bienes del clero —estamos hablando de 1859—, de las Leyes de Reforma. Pero el punto fundamental en la mentalidad es el liberalismo económico que se respiraba en esa época. Estados Unidos ya había mostrado esa posibilidad de que el propietario de la tierra no solamente produce para sí mismo, sino también para vender, es decir, se le va creando un valor a la tierra. Ese valor extra es el que empieza a circular en distintas partes. Y eso no se dio en México.

EUGENIO:

En la hacienda de los jesuitas, por ejemplo, el casco estaba en Santa Lucía —donde está ahorita el aeropuerto militar— y las tierras llegaban hasta Zacatecas. El prior de los jesuitas se atrevía a decir: «Yo puedo cruzar la Nueva España siempre pisando tierras jesuitas». ¡Imagínense!

FRANCISCO:

Pero no podemos perder de vista, dentro de los cinco minutos que hablamos mal del clero...

ALEJANDRO:

... nuestros cinco minutos contra el clero, cortesía del Refugio de los Conspiradores.

FRANCISCO:

«¡Que se institucionalice!», decía Lucas Alamán, quien era...

EUGENIO:

... mocho, conservador.

FRANCISCO:

Un ultraconservador. Él decía: «la Iglesia católica mexicana es dueña del 52%», de la propiedad inmobiliaria del país, en un momento en que estábamos hablando desde la frontera con Guatemala hasta San Francisco. Hay que pensar en lo que era ese territorio; la Iglesia era propietaria del 52%. Y eso no era todo lo malo, sino la existencia de los bienes de manos muertas. Estos bienes de manos muertas eran extensiones gigantescas de terreno que nadie trabajaba, nadie explotaba...

EUGENIO:

... las tierras baldías.

FRANCISCO:

... tierras baldías que nadie explotaba.

BENITO:

Pero que nadie podía explotar tampoco. Cualquiera que quisiera entrar a sembrar...

EUGENIO:

... la Corona no lo permitía. Hay un documento de Manuel Abad y Queipo, que le manda al rey de España, en donde le explica cómo está la situación de las tierras baldías y su carente explotación, y le advierte que si no cambia la posición de la Corona respecto de las tierras baldías, va a venirse una revolución.

ALEJANDRO:

Pero, insisto, nunca se pensó la tierra en función de que lo producido en ella fuera el motor del desarrollo de la economía novohispana o del México independiente.

FRANCISCO:

Sin embargo, el cura Miguel Hidalgo se sorprende de que a un mes de haber iniciado la guerra de Independencia, a finales de octubre de 1810, logró reunir a 75 000 campesinos. Hay quien alega que había una sequía en aquella época, lo cual dudo, porque estamos hablando de la temporada de lluvias. La desesperación en el sector agrícola mexicano hizo que Hidalgo pudiera sumar tanta gente. Además, qué problema, administrar, sin la capacidad militar, que no tenían él ni Ignacio Allende, a 75 000 personas que debían alimentar, vestir.

EUGENIO:

Los campesinos han participado en los movimientos armados en las épocas que no son ni de siembra ni de cosecha. Cuando vienen las épocas de siembra y de cosecha se retiran del ejército y van a cultivar sus tierras.

BENITO:

Porque es agricultura de subsistencia; de eso viven todo el año.

ALEJANDRO:

La idea fundamental es que no se suman por una cuestión de reivindicación de tierras, aunque sí desde luego va a estar presente.

BENITO:

Si la abandonan la pierden.

ALEJANDRO:

Sin embargo, era por la desigualdad, la injusticia, la violación sistemática de todos los derechos humanos —aunque en esos tiempos no se hablara de los derechos humanos, como ahora—, era por esos abusos; el derecho de pernada, el no poder ser libre: le renuncio al hacendado y me voy a otra hacienda. Nada de eso. Eran reivindicaciones de derechos sociales, pero no necesariamente aparejados con la idea de «yo no tengo mi tierra y yo quisiera mi tierra para trabajar». Hay una visión en México muy característica, y lo hemos visto en varios acontecimientos, donde el significado de la tierra no tiene que ver necesariamente con lo que produzca en términos económicos, sino lo que significa; un significado, incluso místico, un significado incluso...

EUGENIO:

... la raigambre...

ALEJANDRO:

... la raíz, la tierra de los padres, aquí están mis muertos, aquí está mi historia.

FRANCISCO:

Tal vez nos convendría brindar por el futuro agrícola de México, no por la realidad actual, pero sí por el porvenir. Haciendo un breve análisis, ¿por qué en Estados Unidos los colonos que llegan en el *Mayflower* a las costas de Nueva Inglaterra, a las costas de Boston, sí tienen un desarrollo agrícola? ¿Qué fue lo que permitió la explosión?

EUGENIO:

Porque eran protestantes.

FRANCISCO:

No sólo eso. El tema es bien interesante, por la propiedad privada.

BENITO:

Yo no voy a brindar por la propiedad privada, pero salud.

FRANCISCO:

Pero yo sí brindo por la propiedad privada.

BENITO:

Por el ejido.

FRANCISCO:

Si analizamos el problema de la tierra en México, vamos a ver que uno de los problemas —yo sé que Benito va a estar de acuerdo conmigo, como siempre en estos temas— es la propiedad privada. Cuando llegan los fundadores de las colonias norteamericanas, de las 13 colonias, se les adjudican ciertas cantidades de tierra en propiedad privada. Es tuya, debes mantenerla. Además, por cada cantidad de personas en los pueblos se debe crear una escuela. Ahí sí ya empezamos a...

ALEJANDRO:

... porque finalmente dependes de ti mismo.

EUGENIO:

Pero hay un factor importantísimo...

BENITO:

Aquí, en qué momento a un indígena mexicano le adjudicaron una cierta cantidad de tierra.

ALEJANDRO:
Exactamente, de entrada, la diferencia es entre una colonización y otra.

FRANCISCO:
Así es. Se trata del enfoque.

ALEJANDRO:
Ellos no tenían peones indígenas, los mismos blancos
eran quienes trabajaban la tierra. Porque le habían qui-
tado la tierra a los indios.

BENITO:
Los indígenas norteamericanos, ¿dónde están?

FRANCISCO:
¿Cuántos eran? Hay que verlo también.

EUGENIO:
Los fueron despojando.

FRANCISCO:
Sí, los despojaron.

ALEJANDRO:
Pero hay que ver su mentalidad. Los que vienen en el
Mayflower son colonizadores. Ellos llegaron por un pe-
dazo de tierra que sería ya de su propiedad.

FRANCISCO:
La propiedad es tuya, tú la trabajas, tú la explotas. Si la
trabajas mal y no tienes para comer, podrás venderla. Es
tu problema.

EUGENIO:

El trasfondo religioso es muy importante.

BENITO:

El problema de los indígenas es que nunca nada fue suyo.

EUGENIO:

Son protestantes.

FRANCISCO:

Sí, son protestantes.

EUGENIO:

Y el protestantismo privilegia el trabajo y el catolicismo la güeva. «Resígnate hijito, Dios te lo va a resolver todo».

BENITO:

Pon la otra mejilla.

EUGENIO:

Son dos cosmovisiones muy diferentes.

BENITO:

Ya habían pasado los cinco minutos contra el clero.

ALEJANDRO:

Pero los españoles se encuentran con una sociedad que no conoce la propiedad privada. Conoce la propiedad comunal, la subsistencia y el autoconsumo. De este último debía salir una parte para el tributo y demás. Aparte determinaba también la organización social. Cuando llegan los españoles, para ellos lo importante es la tierra, pero insisto, no necesariamente por lo que pueda producir, sino por el estatus social que le da al conquistador. No importaba que te dieran doce solares en la Plaza Mayor, como tu recompensa por la Conquista, los tuvieras bardeados y vivieras en un cuchitril, lo importante es que los tenías. De hecho, hubo leyes del propio Cabildo de la Ciudad de México que obligaban a los conquistadores a tener limpias sus tierras y construir a la brevedad. Porque igual se podían quedar ahí las tierras siglos sin trabajar.

EUGENIO:

Qué sucedió con la mayoría de las tierras. Imagínate a ese mismo español a quien le daban una mina, no un pedacito en el Zócalo, sino una mina; necesitaba explotarla, y para eso requería esclavos, y ¿quiénes eran los esclavos? Los indígenas.

FRANCISCO:

Pero vuelvo al ejemplo norteamericano, que nos puede ayudar a enfocar bien el problema. Cuando a los españoles les entregan la encomienda y les dicen «aquí tienes cinco mil hectáreas de tierra —porque así se las gastaban—, y te vamos a dar cinco mil indios para que las trabajen», los indios son empleados, bueno, esclavos.

ALEJANDRO:

Sí, son empleados.

EUGENIO:

Legalmente son empleados, pero en la práctica son esclavos.

FRANCISCO:

El encomendero acaparaba la generación de riqueza. Vamos a extrapolar esto a Estados Unidos. En este país todos eran pequeños propietarios.

ALEJANDRO:
Ése es el punto.

FRANCISCO:
Aquí no es que los indígenas fueran empleados, bueno, como en el caso de la encomienda.

EUGENIO:
Los indígenas no eran propietarios de nada.

FRANCISCO:
Allá eran pequeños propietarios todos, y todos tenían su finca.

EUGENIO:
Aquí no.

FRANCISCO:
¡Claro que no! Entonces comienza a haber una competitividad entre los agricultores norteamericanos. Muchos eran protestantes. Tenían otro concepto de la riqueza, que no era sancionada por la divinidad. Así empieza a haber esta pequeña propiedad que comienza a crecer...

BENITO:
... empieza a crecer vía el despojo a los pueblos originarios norteamericanos; hablo de apaches, shoshones, pies negros, todos fueron exterminados, no se les usó como mano de obra esclava.

EUGENIO:
Los estados del sur tenían esclavos.

BENITO:
Pero ninguno era indígena norteamericano.

EUGENIO:

No, eran negros.

BENITO:

¡Bueno!

ALEJANDRO:

Volviendo a ese punto tú, Francisco, estás planteando que en el siglo XVII ya se habla de la propiedad privada muy claramente y del pequeño propietario, en Estados Unidos. En México, el concepto del pequeño propietario surge hasta la época de Juárez, hasta la Ley de Nacionalización de los Bienes del Clero. Juárez dice: «yo no soy antirreligioso ni quiero comerme a los curas, quiero que todas esas propiedades de manos muertas que no producen pero ni un cacahuate, se fraccionen, se vendan, que creemos una clase media propietaria, pequeños propietarios». Ésa es la idea fundamental de la Ley de Nacionalización de los Bienes Eclesiásticos, con el fin de crear un mercado interno que impulsara el desarrollo.

FRANCISCO:

Es una gran idea.

ALEJANDRO:

¡Claro! El problema en 1859 es que es una gran idea muy mal instrumentada por las circunstancias del momento. Lo que necesitaba Juárez era quitarle el poder político y económico a la Iglesia y hacer frente a la guerra. Entonces, lo que era una muy buena idea termina en manos de la gente que siempre tuvo el dinero y se crea el latifundio porfiriano.

BENITO:

Porque las Leyes de Reforma nunca contemplaron una reforma agraria.

EUGENIO:

La reforma agraria se da hasta Cárdenas.

ALEJANDRO:

Lo interesante es que el planteamiento del pequeño propietario está ahí, pero esa ley de nacionalización afecta a los indios porque sus tierras sólo producen para el autoconsumo. Por eso los indios van a terminar apoyando a Maximiliano, porque éste llega con sus leyes totalmente paternalistas, patrimonialistas...

EUGENIO:

... y con un esquema europeo del reparto de la tierra.

ALEJANDRO:

Pero un esquema muy, muy viejo. Otra vez las tierras comunales, tratando a los indios como «mis hijitos», y Juárez no. Éste lo que pretende es crear el pequeño propietario, que no se va a dar y el resultado es el latifundio.

FRANCISCO:

En las 13 colonias se aplica, de entrada, la tesis de Zapata: la tierra es de quien la trabaja. Cuando cada quien puede cercar su territorio, sus diez, quince hectáreas, su parcela, es de su propiedad.

ALEJANDRO:

Y además nadie puede atentar contra ella.

EUGENIO:

Pero el antecedente de Zapata es que las tierras de Morelos siempre fueron comunales. Eran las tierras de los pueblos, las cuales Zapata reclamaba.

BENITO:

Así es.

EUGENIO:

No la parcela individual.

BENITO:

Había un suerte de comuna primitiva, donde todo se repartía.

EUGENIO:

Así es. A Zapata no le interesaba la pequeña propiedad, porque además, cuando fragmentas la tierra, la haces improductiva.

FRANCISCO:

No sé si no le interesaba a Zapata que cada campesino morelense tuviera equis cantidad de hectáreas de su propiedad, nada de comunal, a su nombre.

ALEJANDRO:

Eso fue en la evolución propia de Zapata.

FRANCISCO:

Pero ve el caso de Inglaterra, el caso de Francia. Estos países resuelven el problema agrícola y mira qué poderío tienen, como también tiene un gran poderío Estados Unidos, que con el tres por ciento de la población casi puede surtir de cereales a todo el mundo. Es increíble lo que logran con la pequeña propiedad.

EUGENIO:

Qué debemos ver hoy para aprender cómo hacerle, a fin de resolver el problema del campo mexicano.

BENITO:

Vamos a ver... la idea del ejido era una gran idea.

ALEJANDRO:

¿Por qué era una gran idea?

BENITO:

Era una gran idea porque consistía en recuperar tierras improductivas y convertirlas en propiedad comunal. Era una gran idea, insisto. Tomar esas tierras improductivas, la reforma agraria como tal, la definición de la creación de ejidos, estuvo mal hecho, porque se hizo sobre papel, no sobre la realidad. En eso estamos completamente de acuerdo.

FRANCISCO:

La teoría es bellísima, la realidad...

BENITO:

Bueno, la realidad es que el ejido se fue pudriendo con el paso de los años.

ALEJANDRO:

El planteamiento era demasiado utópico, aun en el papel, porque no creas un pequeño propietario, creas comunidades que tienen una equis cantidad de hectáreas para producir la tierra. Es decir, seguimos, después de la Revolución, con la mentalidad de la Colonia, una mentalidad paternalista, donde yo como Estado te protejo.

EUGENIO:

Y en la agricultura de subsistencia.

ALEJANDRO:

Exactamente.

FRANCISCO:

Ese paternalismo no se dio en Estados Unidos ni en Francia; sí se dio en España y mira cómo quedamos en México.

EUGENIO:

Aquí si tú fragmentas la tierra en ejidos, haces propiedades muy pequeñas que no son económicamente productivas —por decirlo de alguna forma—, y eso es lo que sucedía con el ejido; el ejido no alcanzaba, para lo que más alcanzaba era para la subsistencia.

BENITO:

Pero la agricultura de subsistencia a gran escala hubiera sido la salvación del campo mexicano.

EUGENIO:

No estoy seguro.

BENITO:

Del campo mexicano como tal, hoy por hoy no existe.

ALEJANDRO:

Pero el planteamiento no puede ser que tu tierra sea de subsistencia.

BENITO:

Subsistencia en el sentido de que el pueblo vive de lo que cultiva y tiene un excedente para vender.

FRANCISCO:

Ésa es la teoría. Es muy bonita, pero en la realidad nunca se dio. ¿Con qué te quedas, Benito?

BENITO:

Me quedo con el ejido y ¡viva Cárdenas!, una vez más.

FRANCISCO:

No, bueno, es imposible, Cárdenas ni que...

EUGENIO:

Yo me quedo con que se plantee una reforma agraria profunda pero inteligente.

BENITO:

Y que el Estado apoye al campesino.

FRANCISCO:

Que sea la pequeña propiedad que los trabajadores del campo puedan hipotecar, vender, gravar, rentar, lo cual no se dio en el ejido y hubo limitaciones jurídicas que acabaron con la productividad.

ALEJANDRO:

Yo firmo lo de los tres.

BENITO:

Hoy estás generoso.

FRANCISCO:

Muy generoso. Qué generoso.

EUGENIO:

Muy conciliador.

BENITO:

Hasta pareces cardenista.

FRANCISCO:

¡Y arriba el TLCAN!

4
LA ENTRADA DE LOS ESPAÑOLES EN TENOCHTITLAN

෨

Moctezuma Xocoyotzin (Moctezuma II) ocupaba el trono del Imperio Azteca cuando los españoles desembarcaron en Veracruz en 1519. Había llegado al poder en 1502 y bajo su reinado Tenochtitlan alcanzó su mayor esplendor. Durante su juventud era un hombre humilde, servicial y disciplinado. Sin embargo, una vez en el poder la humildad dejó su lugar a la soberbia y con su bien ganada fama de buen guerrero y sacerdote, gobernó sin límites. El nuevo rey sometió a sus enemigos, trató con dureza a los pueblos vasallos exigiendo tributos y cautivos para los sacrificios humanos y extendió los límites del imperio.

El emperador se hacía trasladar en andas acompañado de un ostentoso cortejo; obligó a su pueblo a bajar la mirada ante su presencia y ordenó la edificación de un magno palacio que impresionó al propio Hernán Cortés. Cuentan las crónicas que el emperador fue testigo de una serie de presagios funestos que le anunciaron la llegada de los españoles y la guerra de Conquista. Entre ellos había visto un cometa atravesando el firmamento; un súbito incendio en la llamada Casa de Huitzilopochtli; un rayo que atravesó un templo sin escucharse el trueno; las aguas del lago hirviendo a temperaturas nunca vistas, la captura de una extraña ave, o el escalofriante lamento de una mujer por sus hijos que se escuchaba por las noches en la ciudad. En noviembre de 1519, Moctezuma recibió a Hernán Cortés en Tenochtitlan. El emperador azteca alojó a los españoles en el palacio de su padre Axayácatl y durante varios meses las relaciones transcurrieron en paz. Moctezuma aceptó ser vasallo del rey de España, pero después de la matanza del Templo Mayor que perpetró Pedro de Alvarado mientras Cortés se encontraba fuera de la ciudad, Cuitláhuac y otros guerreros se rebelaron. A su regreso, Cortés presentó a Moctezuma ante su pueblo con la intención de calmar a los rebeldes pero fue apedreado y cayó muerto. Estaba por iniciar la guerra de Conquista.

FRANCISCO:

Otro tema importante es el permiso que le concede Moctezuma Xocoyotzin a Cortés para entrar en la Ciudad de México y alojarlo, sin disparar un solo flechazo, en el Palacio de Axayácatl.

EUGENIO:

Bueno, eso hay que discutirlo, yo no estoy de acuerdo.

BENITO:

Yo tampoco. ¿Por qué habría que dispararles?

ALEJANDRO:

Yo tampoco estoy de acuerdo.

EUGENIO:

Hay que entender primero las premoniciones que se dieron en el Valle del Anáhuac antes de la llegada de los españoles, para ver por qué fue ésa la actitud de Moctezuma; no fue gratuita, había presagios que ya adelantaban tal actitud.

FRANCISCO:

Hay una explicación, y claro, podemos estar de acuerdo o no con ella.

ALEJANDRO:

Yo creo que el meollo del asunto, y es lo que vamos a tratar de dilucidar, es que finalmente sigue pesando la Conquista, después de casi quinientos años. Estamos a cinco años del V centenario del encuentro entre Moctezuma y Cortés. Es increíble que siga pesando en un sector de la sociedad. El antihispanismo es terrible y siguen escupiéndole a la estatua de Cristóbal Colón el 12 de octubre.

FRANCISCO:

Pero no estamos hablando de eso, estamos hablando de que Moctezuma dejó entrar a Cortés sin disparar un flechazo. Ése es el tema y ésa es la vergüenza.

BENITO:

Yo creo que era lo lógico.

FRANCISCO:

Pues me parece muy bien que ustedes no estén de acuerdo con lo que estoy diciendo, y en este momento vamos a resolver este entuerto a balazos.

BENITO:

No, a flechazos.

EUGENIO:

Yo quisiera lanzar el primer flechazo. Antes de la llegada de los españoles hubo seis o siete premoniciones o presagios que conmovieron a la sociedad azteca. Uno de ellos fue un rayo que cayó sobre el Templo Mayor y lo hizo pedazos. Otro fue un haz de luz…

ALEJANDRO:

… pero un rayo que además no tuvo sonido.

EUGENIO:

Después apareció un haz de luz de color verde intenso, que salió del lago.

ALEJANDRO:

Como una llamarada.

EUGENIO:

Después encontraron un ave, la abrieron y en sus entrañas hallaron una serie de vestigios inexplicables. También entre otro de los presagios está el famoso mito de la Llorona.

FRANCISCO:

Y un pez.

EUGENIO:

Sí, un pez que abrieron.

FRANCISCO:

Son leyendas muy románticas.

EUGENIO:

La de la Llorona es fascinante; una mujer que clamaba por la presencia de sus hijos.

ALEJANDRO:

Yo no me iría a defender ese asunto.

EUGENIO:

Eso le dio miedo a Moctezuma.

ALEJANDRO:

Él era muy supersticioso. Finalmente son como sueños.

Yo he tenido pesadillas y no siento que por eso vaya a cambiar la era.

EUGENIO:
Pero no me digas que cuando sueñas...

FRANCISCO:
... cada sexenio te sucede.

EUGENIO:
Cuando sueñas con chistorras y chorizos, amaneces pegado a la pared en la mañana. Los presagios pesan.

BENITO:
Lo cierto es que los mexicas o aztecas eran un imperio fuerte, duro, de pueblos tributarios. Pero eran mucho más que eso. Eran casi los nazis de su tiempo. Sin embargo, reciben a esa gente. Yo creo que tiene mucho que ver el asombro. Eran diferentes.

EUGENIO:
El asombro.

BENITO:
La curiosidad y el asombro. «¿Quiénes son esos cuates que no son iguales nosotros?». Sin embargo, el mínimo de cortesía hace que los reciban.

FRANCISCO:
No, pero aquí habría que ubicarse en el contexto. Ya había pasado la matanza de Cholula perpetrada por los españoles, y no podía ignorarla Moctezuma, porque pasaron a cuchillo a toda la nobleza Cholulteca.

ALEJANDRO:

Lo de Cholula fue por una emboscada. ¿Quién se madrugo a quién? Pues Cortés, porque se lo iban a madrugar a él. Nada más que la Malinche le advierte que lo van a atacar. Pero tienes razón, quizá ése es el único punto donde Moctezuma debió haber puesto atención en quiénes eran estos personajes.

FRANCISCO:

Bueno, pero cuando el mismo Cortés recibe a tlaxcaltecas, aliados de los mexicas, les corta las manos a cuarenta o cincuenta enviados porque supone que lo vienen a matar.

EUGENIO:

Pero hay que considerar también las armas que traían los españoles: la pólvora no se conocía.

FRANCISCO:

No, por supuesto, ni los caballos.

EUGENIO:

Los primeros disparos de cañón debieron ser aterradores.

BENITO:

Los caballos con armaduras, los arcabuces.

FRANCISCO:

Sobre todo cuando Cortés se sube a las pirámides de Cholula, donde estaban todos los ídolos y con un marro rompe todos y les dice: «Les voy a demostrar que sus dioses son una basura, que no sirven para nada». Todos los indígenas piensan que va a llover, que va a ocurrir un terremoto o una catástrofe, y no pasa nada. Entonces Cortés les dice: «¿Ya ven?, soy superior a todos sus dioses», porque ni siquiera se defendieron ni hubo una respuesta.

BENITO:

Éste es uno de los grandes dilemas de la historia que se ha discutido enormemente. Incluso lo he hablado mucho con Eduardo Matos Moctezuma, un especialista en el tema. Moctezuma pensaba que Cortés era un dios. Matos Moctezuma sostiene que no, ya se habían dado cuenta de que eran hombres y sangraban como tales. Por lo tanto, es mucho más complejo de lo que parece a simple vista. Sí puedes tener una actitud pasiva y sumisa frente a un dios que es capaz de matar a tus dioses; un ritual además absolutamente prehispánico. Los dioses se iban sacrificando cada cincuenta y dos años para dar cabida o paso a nuevos dioses.

EUGENIO:

Y eso es importante, porque la circularidad en el manejo del tiempo de las culturas prehispánicas era determinante en sus actos y en sus respuestas frente al entorno. Esto que mencionas del ciclo solar es muy importante. Moctezuma ve con admiración a las huestes de Cortés porque es algo extraño, algo que nunca ha visto. Los presagios le habían inculcado un miedo terrible, cerval, que inclusive hizo que se fuera a refugiar a una cueva para evitar el encuentro. Ya después de que se da éste, Cortés y Moctezuma llegan a un entendimiento, y si lo lees con cierta malicia puedes pensar que había una relación homosexual entre ellos. En qué me baso: cuando muere Moctezuma, Cortés se lamenta de su muerte y dice: «Porque nos queríamos mucho y nos hacíamos muchas *quiricias*». Esto es que eran cariñositos entre ellos. Esto puede llevarse a extremos o puede quedarse simplemente como una relación afectiva entre varones.

FRANCISCO:

Antes de eso, Cuitláhuac, hermano de Moctezuma, previo al encuentro, le dice: «Hermano, no los dejes entrar, porque si los dejas entrar a Tenochtitlan no los vas a sacar nunca». Aquí ves a dos personalidades, Moctezuma y Cuitláhuac. Cuitláhuac le dice que no los deje entrar y el otro, el emperador, el *tlatoani,* lleno de miedos y prejuicios, los deja entrar contra lo que opinaba su hermano. Era una concepción general.

EUGENIO:

No, Cuitláhuac es el héroe de la resistencia.

ALEJANDRO:

Sí, pero con todo y las advertencias de Cuitláhuac, finalmente eran novecientos, mil españoles, cuando mucho. No eran tantos como para haber pensado que era un ejército de ocupación. Oportunidades para acabar con los españoles las tuvieron. En la Noche Triste pudieron haberlos derrotado, nada más que los aztecas no estaban acostumbrados a ese tipo de persecuciones; ellos peleaban en campo abierto, tomaban prisioneros y se acabó. No era como la guerra moderna que conocemos. Quizá podían haber tomado precauciones luego de lo ocurrido en Cholula pero, insisto, eran mil soldados españoles.

EUGENIO:

Eran muy poquitos.

ALEJANDRO:

¡Claro! Para una ciudad que tenía ciento cincuenta mil habitantes o más.

FRANCISCO:

Más.

ALEJANDRO:
Pues realmente no me parece que pesara tanto, aun con las armas de fuego.

FRANCISCO:
Pero lo mismo ocurre en la guerra contra Estados Unidos de 1846 a 1848. Eran siete mil soldados estadounidenses y la población total de México sumaba más de siete millones. Es decir, no era que el ejército de ocupación gringo, y estamos hablando ya de trescientos años después, hubiera sido un ejército de doscientos cincuenta mil soldados. ¡No!, eran siete mil.

EUGENIO:
Pero eso tiene una explicación.

BENITO:
Sí, pero lo diferente intimida, provoca susto. En algún momento, muy inteligente, Moctezuma Xocoyotzin o Moctezuma II, cuando Cortés está preguntando insistentemente por las riquezas y el oro, intenta convencerlo de que no avance a Tenochtitlan, que se quede en Veracruz, y le envía regalos, lo cual sólo alienta más la ambición del conquistador. Intenta alejarlo diplomáticamente.

EUGENIO:
Hay un *impase* cuando Cortés va a pelear contra Pánfilo de Narváez, quien había sido enviado por el gobernador de Cuba, Diego Velázquez para apresarlo. Cortés deja a Pedro de Alvarado encargado de Tenochtitlan, y es cuando éste realiza la matanza del Templo Mayor y masacra al 85% de la nobleza azteca.

FRANCISCO:
Y a los militares.

ALEJANDRO:

Hay que ver cronológicamente el asunto. Cortés entra en Tenochtitlan, o se encuentra con Moctezuma, el 8 de noviembre de 1519, y la Noche Triste es hasta junio 30 de 1520. Es decir, hay aproximadamente siete u ocho meses en los cuales hay concordia. Finalmente hay una fascinación, sobre todo curiosidad. Creo que la curiosidad es muy importante. Moctezuma los dejó entrar en 1519; aztecas y españoles conviven. Al leer las *Cartas de Relación* de Cortés de todo ese periodo, te das cuenta de que él y sus hombres están conociendo lo que es el famoso Imperio Azteca, odiado por todos los pueblos vecinos. Considero que esos siete u ocho meses le permiten a Cortés perfectamente saber con quién sí y con quién no puede hacer alianzas. Cortés era un político.

FRANCISCO:

Cortés era un político, un político muy talentoso. Está más claro que el agua.

EUGENIO:

De hecho, la Conquista no hubiera sido sangrienta ni violenta si Pedro de Alvarado no hubiera cometido la matanza en el Templo Mayor, porque ya Moctezuma los había aceptado, ya les había entregado el tesoro de Axayácatl. No había un conflicto que justificara una actitud bélica.

FRANCISCO:

Pero veamos. A Cortés y a sus hombres los hospedan en el palacio de Axayácatl, y llega un momento en que Moctezuma se da cuenta de que Cortés está abusando de sus hijas y esposa.

EUGENIO:

Pero hay hijas que el propio Moctezuma le entregaba; eran bastante permisivos.

FRANCISCO:

Pero no con la esposa o con las varias que tenía. Moctezuma se da cuenta entonces de cómo se las gastaba Cortés. Y cuando Cortés se percata que Moctezuma ya no le servía, decide tomarlo prisionero, lo cual debió indignar a su pueblo. No perdamos de vista que a Moctezuma no se le podía ver a la cara, era el *tlatoani*.

EUGENIO:

Ni se le podía hablar directamente.

ALEJANDRO:

Eso es muy importante. Moctezuma tenía el respeto de su pueblo. Nadie podía tocarlo, ni verlo a los ojos. Entonces hay que imaginar que todo mundo guardó un silencio incómodo el 8 de noviembre, fecha en la cual se encontraron Moctezuma y Cortés y éste lo abrazó. ¿Cómo se atrevía a tocar al *tlatoani*?

BENITO:

Y ahí es donde, otra vez, la figura del intocable se derrumba, como la figura de los dioses, que acaban muriendo… Creo que pasa exactamente lo mismo. Es un hombre tocando a otro hombre, no era un dios.

FRANCISCO:

Pero si les parece, me gustaría preguntarles: ¿consideran que Moctezuma Xocoyotzin fue un cobarde al dejar entrar a Cortés?

BENITO:
Yo no.

EUGENIO:
Yo creo que se acobardó despés.

FRANCISCO:
Cuiloni le decían, ¿no?

EUGENIO:
Sí, *cuiloni*, la traducción hoy en día sería «culero».

FRANCISCO:
Yo creo que Moctezuma Xocoyotzin es un auténtico cobarde. Dejó entrar a los españoles en Tenochtitlan sin oponer resistencia, cuando disponía de cien mil guerreros educados en el *calmécac*.

BENITO:
¡No!

FRANCISCO:
Eso es lo que hubiera pensado su hermano también. Si no lo creen, entonces háganme pedazos.

BENITO:
A ver, en tu casa de repente suena el timbre, abres y es Cortés. Entonces, ¿en ese momento le disparas? No, primero averiguas.

FRANCISCO:
Te están avisando. Hay que ver la historia: ya venían de Cholula, ya habían pasado muchas cosas.

ALEJANDRO:

Eso es un punto fundamental. Porque si hoy llegan los estadounidenses y atacan a los veracruzanos, obviamente te indignas porque es tu país, pero en ese momento era un imperio odiado por todos. No había conciencia de nación mexicana, ni mucho menos.

BENITO:

Claro, odiado por todos.

ALEJANDRO:

Es decir, para los pueblos subyugados, la posibilidad de que alguien se echara a los aztecas era casi un anhelo y entre más rápido se los echaran, mejor, porque los tenían sometidos.

FRANCISCO:

Pero eran muchos quienes decían que no los dejara entrar.

EUGENIO:

El señor de Texcoco se opuso, el señor de Tecpan se opuso.

ALEJANDRO:

Dos o tres señores y no pasó nada.

EUGENIO:

La Triple Alianza es la que se niega.

ALEJANDRO:

De acuerdo con las crónicas, no hay ningún tipo de reacción en contra, hasta la matanza del Templo Mayor.

FRANCISCO:

Cuando Cortés tiene las agallas, porque hace falta tener-las, de mandar arrestar al *tlatoani* enfrente del palacio de Axayácatl...

EUGENIO:

... lo pone en una prisión domiciliaria, por decirlo de alguna forma.

FRANCISCO:

En ese momento, Cuitláhuac todavía puede comunicar-se con su hermano y le dice: «Levantémonos en armas ahora que te arrestaron, estás arrestado, estás encadena-do, es el *tlatoani* el que está aquí».

EUGENIO:

En ese momento sí, ya está acobardado. Pero en el pri-mer instante no.

FRANCISCO:

Pero todavía Moctezuma podía haber dicho perfecta-mente bien: «no entran».

EUGENIO:

Pero era un hombre temeroso.

FRANCISCO:

Sí, Moctezuma ya arrestado, ya encadenado, le dice a Cuitláhuac: «Todavía no es el momento». Por eso creo que era un cobarde.

BENITO:

El Imperio mexica fue un imperio basado en el miedo. En la gran Tenochtitlan lo primero que te recibía eran los *tzompantlis,* esos muros donde se colocaban los cráneos de los sacrificados, empalados y puestos como en un ábaco. Esto intentaba generar pánico. Todas sus relaciones de poder con los pueblos tributarios de los alrededores estaban basadas en el miedo.

EUGENIO:
Sí, inclusive los pueblos chinamperos, Xochimilco, Tláhuac, etc., traicionan a los aztecas cuando Cortés manda los bergantines por el lago para atacar Tenochtitlan.

FRANCISCO:
No los traicionan porque no eran sus aliados.

EUGENIO:
Pero ya no los defienden, y entonces Cuauhtémoc se queja de esa falta de apoyo de los pueblos chinamperos en contra de los que debían haber sido enemigos comunes: los españoles y los tlaxcaltecas.

FRANCISCO:
Si el *hubiera* existiera: si Cuitláhuac hubiera sido el *tlatoani* a la llegada de los españoles, ¿hubiera sido muy distinto?

ALEJANDRO:
Eso no lo sabremos. El punto medular de todo no es tanto que no los dejaran entrar, pues hasta por cortesía debían recibirlos y ver quiénes eran esos extraños hombres que llegaban a Tenochtitlan. El punto medular donde podríamos conjugar el *hubiera*, es la Noche Triste. Si los aztecas hubieran decidido ir tras Cortés, hasta no dejar vivo a un solo español, estaríamos hablando de otra historia.

EUGENIO:
Lo hubieran acabado.

ALEJANDRO:

Lo acaban y seguramente la Conquista se habría retrasado o el proceso hubiera sido diferente. Para mí ése es el parteaguas: que durante la Noche Triste no remataran a los españoles.

EUGENIO:

Y ahí Cuitláhuac, quien ya tenía el cargo de *tlatoani*, es el héroe, el único que derrota a los españoles.

FRANCISCO:

Pero su hermano le da tarde el cargo.

EUGENIO:

De hecho, ya no se lo da su hermano, se lo da el consejo de ancianos una vez muerto Moctezuma.

FRANCISCO:

Antes ya le había dicho Moctezuma a su hermano: «Encárgate», y venía la sucesión en el trono.

EUGENIO:

Cuando se dice que Pedro de Alvarado le metió la espada por la cola a Moctezuma para matarlo y lo último que éste dijo fue: «Cui, cui», y no supieron interpretar si decía *cuiloni* o decía Cuitláhuac; el consejo de ancianos entendió que estaba nombrando a su hermano como sucesor en el cargo.

ALEJANDRO:

Ésa es un versión; yo me quedo con la de la puñalada que le da supuestamente Cortés por la espalda…

BENITO:

… amarrado.

EUGENIO:

Es que hay varias versiones: el padre mercedario, el capellán del ejército de Cortés, dice que lo ahorcaron con una soga.

FRANCISCO:

Yo creo que lo empalaron.

BENITO:

Otra versión es que muere apedreado.

FRANCISCO:

Empalar es que sentaban al *tlatoani* en un palo, afilado.

EUGENIO:

Sí, o en una espada.

FRANCISCO:

Te morías desangrado y con unos dolores espantosos.

EUGENIO:

De horror.

FRANCISCO:

Y lo hace precisamente Cortés porque cuando llega Pánfilo de Narváez, Moctezuma todavía manda embajadores para negociar con él en contra de Cortés. Éste se da cuenta de que Moctezuma lo está traicionando, y es cuando le dice: «Ya no me sirves para nada», y lo mata.

BENITO:

Y pese a todo esto que estamos contando, el proceso de mestizaje fue, por llamarlo de alguna manera, amable, no como en el caso norteamericano en que los indígenas desaparecieron, fueron enviados a reservas, masacrados y aniquilados.

FRANCISCO:
Pero ponle las comillas al amable.

BENITO:
Amable después, estoy diciendo.

FRANCISCO:
Por ejemplo, cuando viene Pánfilo de Narváez, entre sus hombres está el famoso negro infectado de viruela.

EUGENIO:
Y es el que contagia a Cuitláhuac y provoca la gran epidemia.

ALEJANDRO:
Claro, pero no podemos decir que era un plan preconcebido: «Llevemos un negro con viruela para acabar con los aztecas». La viruela fue algo totalmente fortuito. Yo coincido con Benito en que el proceso de mestizaje fue mucho menos violento que en otras regiones; al final, fue la fusión de dos culturas como dicen.

FRANCISCO:
Desde mi punto de vista, ahí comienza el gran resentimiento. Estoy convencido de que México es un país resentido, dolido y rencoroso.

EUGENIO:
Y es que nunca ha aceptado abiertamente su hispanidad.

FRANCISCO:
Había varios conquistadores que se jactaban de haber

tenido trescientos o cuatrocientos hijos, incluso el mismo Cortés, entonces la madre no quería ver a esos niños, a esos hijos que eran hijos de un invasor; y el padre, el español, tampoco quería saber de los niños. «Estás embarazada, allá tu problema». Y entonces empieza a surgir una generación de niños antisociales, rencorosos, rechazados por su padre y por su madre y por todos. Ahí comienza el coraje de éstos...

EUGENIO:
Pero no era tan general esta actitud.

BENITO:
Yo tampoco lo creo.

ALEJANDRO:
Yo tampoco. Está bien, fue la primera generación que surgió, pero ya pasaron dieciocho mil setecientas generaciones como para seguir pensando que somos una nación resentida porque los españoles nos conquistaron y procrearon niños a los que abandonaron.

FRANCISCO:
Pero después ve lo que pasa en la Colonia. Ya son trescientos años del virreinato, y es cuando ves que quienes antes tenían su *calpulli*, que trabajaban su tierra, se convierten en esclavos. Además, cabe agregar la ignorancia, el analfabetismo; bueno, cuando acaba la dominación española, en 1821, 98% de los mexicanos no saben ni leer ni escribir ni trabajar ni hacer nada; ahí comienza el gran lastre de todo esto. El resentimiento proviene de que te quitan la tierra, te quitan tu mujer, te quitan tu religión...

EUGENIO:
Te quitan tu memoria.

FRANCISCO:

Te quitan todo y entonces viene el resentimiento. Ése es mi punto de vista.

EUGENIO:

Hay muchas causas para el resentimiento por parte de la población indígena, pero por parte de la población mestiza y criolla, eso ya debería haberse superado hace muchos años. A mí me sorprende todavía esta hispanofobia que se da en algunos sectores de las clases populares, sobre todo el 12 de octubre, cuando se conmemora el Día de la Raza. He visto cómo apedrean el monumento a Colón que está en Paseo de la Reforma. Eso me parece trasnochado y anacrónico; creo que es una visión del mundo muy parcial y muy contaminada.

BENITO:

Sin embargo, sigue existiendo la resistencia indígena; está ahí presente y más que nunca.

EUGENIO:

Sí, porque no se les han acabado de reconocer sus derechos ni sus usos y costumbres.

BENITO:

Y ha habido paternalismo oficial que ha logrado destruir...

EUGENIO:

El paternalismo oficial ha sido nocivo en todos lados. Pero no estamos ahorita analizando el momento actual, sino por qué Moctezuma dejó entrar a Cortés sin haber opuesto resistencia. Creo que básicamente se debe a que el tipo estaba atemorizado espiritualmente, más que físicamente, por todos esos presagios y las propias opiniones de los sacerdotes y de sus colegas, de sus compañeros en el gobierno de Tenochtitlan y de los reinos que tenían subyugados.

FRANCISCO:

Yo sí pienso que fue un cobarde, porque desde el momento en que los deja entrar les compró su argumento. Era supersticioso, temía a la espiritualidad, en fin, todo eso, porque además era el supremo sacerdote. Pero cuando los deja entrar y se da cuenta de lo que está sucediendo era el momento en que él podía haber reaccionado.

EUGENIO:

Sí, de acuerdo.

FRANCISCO:

Y no reaccionó.

EUGENIO:

Ahí sí actúa como cobarde.

FRANCISCO:

Se descubre tardíamente que era un cobarde; por eso pienso que Cuitláhuac tenía razón desde el principio.

EUGENIO:

Claro.

FRANCISCO:

Y ésa creo que es una de las grandes vergüenzas de la historia.

EUGENIO:

Sí, y ya no les dejó ninguna oportunidad.

ALEJANDRO:

Yo no diría [vergüenza] de la historia, ni siquiera podríamos decir nacional. No existía México como hoy lo concebimos, como una nación con identidad. Hoy nos indignaría que a nuestros hermanos tlaxcaltecas o a los de Morelos los masacraran. Hoy nos indigna por igual lo que está sucediendo en el país, en otros lados, porque hay un sentimiento de unidad; pero en el caso de la Conquista no coincido contigo, Francisco.

FRANCISCO:

Está bien.

ALEJANDRO:

Lo siento mucho.

FRANCISCO:

Lo importante es que todos los conspiradores que nos leen también saquen sus conclusiones, y creo que me van a dar a mí absolutamente toda la razón.

TODOS:

Brindemos por Cuitláhuac. ¡Salud!

5

A WINFIELD SCOTT,
EL BRINDIS DEL DESIERTO

ൟ

Desde las primeras décadas del siglo XIX, los estadounidenses comenzaron un proceso de expansión territorial por medio de compra, cesión o guerra. Cuando iniciaron su independencia en 1776, Estados Unidos sólo ocupaba la costa este de Norteamérica, la que colindaba con el océano Atlántico. Sin embargo, deseaban que su territorio también tuviera una salida hacia el océano Pacífico por el oeste y para ello era necesario extenderse a costa de lo que fuera. En 1836, el gobierno estadounidense apoyó la independencia de Texas, que por entonces era un estado más de la República Mexicana. En 1845 los texanos decidieron incorporarse a Estados Unidos, situación que tensó las relaciones entre Washington y México. Para extender su territorio hacia el oeste, Estados Unidos necesitaba obtener la parte norte del territorio mexicano y aprovechó la inestabilidad política que vivía México para comenzar la guerra. En mayo de 1846 hubo un intercambio de disparos entre mexicanos y estadounidenses en la frontera; fue el pretexto suficiente para que Estados Unidos declarara la guerra. La situación de nuestro país al comenzar esa guerra era desastrosa: gobiernos inestables, hacienda pública en quiebra, intentos separatistas de algunos estados de la federación, cacicazgos locales, levantamientos militares y sobre todo no existía una conciencia de unidad nacional. La ambición estadounidense encontró las condiciones propicias para iniciar la guerra y obtener como botín más de la mitad del territorio nacional. La resistencia fue escasa y donde la hubo, ineficaz. El ejército extranjero avanzó rápidamente y en muchos lugares no disparó un solo tiro; la desunión era evidente. La mayor resistencia que opuso el Ejército Mexicano a los estadounidenses fue tardía, llegó cuando se encontraban en el valle de México a punto de iniciar su última ofensiva. Del 19 de agosto al 14 de septiembre de 1847, batalla tras batalla, las defensas mexicanas fueron cayendo en poder de los invasores: Padierna (19 de agosto), Churubusco (20 de agosto), Molino del Rey (8 de septiembre) y Chapultepec (13 de septiembre). Todavía el día 14 la población civil presentó una infructuosa resistencia sin que pudieran evitar la ocupación total de la capital de la República. Ese día el pabellón de Estados Unidos fue izado en el asta bandera del Palacio Nacional. El ejército estadounidense ocupó la Ciudad de México del 14 de septiembre de 1847 al 12 de junio de 1848. La paz se firmó el 2 de febrero de 1848 en la villa de Guadalupe-Hidalgo. México cedió a Estados Unidos 2 400 000 kilómetros cuadrados —poco más de la mitad de su territorio— a cambio de quince millones de pesos. Las tropas de ocupación no abandonaron la capital en esa fecha. El canje de ratificaciones tardó en llegar y fue hasta el 12 de junio cuando los estadounidenses salieron definitivamente de la Ciudad de México.

FRANCISCO:

El Brindis del Desierto hace referencia a cuando México perdió la guerra contra Estados Unidos, y la ocupación de la Ciudad de México se dio desde el 14 de septiembre de 1847.

EUGENIO:

Este tema es superlativo porque el general Winfield Scott, quien venía al frente de las tropas estadounidenses, fue llamado en su momento el Carnicero de Veracruz, y se le ofreció la Presidencia de la República Mexicana. Es lo que vamos a tratar aquí.

BENITO:

Era el general en jefe del ejército de ocupación; hay que decirlo, es una vergüenza.

ALEJANDRO:

Sí, es una vergüenza, pero no nos vamos a envolver en el síndrome de Juan Escutia y decir que los «malditos» gringos son quienes nos han hecho tanto daño y nosotros somos las víctimas inocentes. Esa guerra fue una vergüenza para nuestro país, primero por el abuso de los estadounidenses, pero también por cómo se comportaron los mexicanos de entonces en lo que fue una guerra injusta.

EUGENIO:

Pero no puedes negar la vocación de hijos de la chin...
que tienen los gringos.

FRANCISCO:

Hablando de vergüenzas, para mí, hay una muy signifi-
cativa: la del 15 de diciembre de 1847, cuando un grupo
de ínclitos y perínclitos mexicanos invitaron al general
en jefe del ejército gringo, el general Scott, al Brindis del
Desierto.

EUGENIO:

Es una gran vergüenza porque, antes de que el ejército
de Estados Unidos desembarcara en Veracruz (marzo de
1847), sus barcos arrojaron seis mil quinientos obuses y
masacraron a la población veracruzana. Murieron más
de mil habitantes e inclusive, Scott les negó a los cónsu-
les de España, Inglaterra y Francia que sus ciudadanos y
todos los asilados en las legaciones pudiesen embarcarse
en las naves de estos países que estaban fondeadas en el
puerto.

BENITO:

Como bien dijo Alejandro, malditos gringos, pero también malditos mexicanos, y me refiero a esos mexicanos que se pusieron del lado de los invasores, como lo
volverían a hacer durante la Intervención Francesa años
después (1862-1867). Repiqueteo de campanas, sotanas
por todos lados. Los curas han hecho vergonzosamente
homenajes a todos los que han invadido nuestra patria
una y otra vez.

ALEJANDRO:

Pero es muy importante acotar, para tener muy claro,
que el Brindis del Desierto ocurre después de la ocupa-

ción de la Ciudad de México. Los estadounidenses ya habían tomado la capital del país. El gobierno de la República está asentado en Querétaro. Se está negociando la paz, que terminará por firmarse el 2 de febrero de 1848. Este grupo, que podríamos llamar ultra liberal, tenía una devoción casi enfermiza, casi prostituida por los estadounidenses y llevan a Scott al Desierto de los Leones.

FRANCISCO:

Habría que poner el contexto muy claro: esto se da cuando, como tú bien dices Alejandro, ya los gringos habían tomado el país y la bandera de las barras y las estrellas ondeaba en Palacio Nacional.

EUGENIO:

También habría que recordar que, unos meses antes, Winfield Scott y su ejército fueron recibidos en Puebla por la sociedad y la curia poblana sin disparar un solo tiro. Les hicieron grandes festejos, grandes banquetes. Se recibió como héroes a los invasores.

FRANCISCO:

La Iglesia católica había llegado a un acuerdo con el ejército de Estados Unidos, en el que se establecía que los estadounidenses se comprometían a respetar el patrimonio y la liturgia de la Iglesia, siempre y cuando el clero excomulgara a los mexicanos que atentaran contra la vida de un soldado del ejército de Estados Unidos. Por ello Puebla se rinde sin disparar un solo tiro.

BENITO:

No siempre, porque hay que recordar a Ignacio Zaragoza el 5 de mayo de 1862.

ALEJANDRO:

Tampoco se puede generalizar con respecto a que todas las sotanas estaban del lado estadounidense. Por ahí está este famoso cura que se levanta en armas: el padre Jarauta, quien organizó una guerra de guerrillas contra el ejército de Estados Unidos.

BENITO:

Y la resistencia del pueblo de México, por lo menos en la capital, en la zona del centro, fue digna. Hay un bando de Winfield Scott que decía que sus soldados no podían salir solos, debían hacerlo en parejas o tríos, porque cuando pasaban por una vecindad los apuñalaban. No era ni siquiera una guerra de guerrillas.

EUGENIO:

Pero sí había una guerrilla en todo el territorio ocupado por los invasores. Inclusive Winfield Scott, en Puebla, creó la Mexican Spy Company, un grupo antiguerrillero encargado a un tal Domínguez, para que asesinara a mansalva a los guerrilleros mexicanos, entre ellos a las huestes de Jarauta y otros grandes combatientes.

FRANCISCO:

La misión principal de la Mexican Spy Company era espiar en los cuarteles de México. Yo vi la lista de Winfield de los pagos a los espías mexicanos.

EUGENIO:

Parte de su misión era denunciar a los guerrilleros.

FRANCISCO:

Y que le dijeran cuáles eran los planes de defensa, con cuántos fusiles contaban. Es decir, mexicanos espiaban a mexicanos a cambio de que los gringos les llenaran los bolsillos de dólares.

EUGENIO:

Creo que es la primera vez en la historia que se crea una inteligencia militar, entre comillas.

BENITO:

Inteligencia militar es un oxímoron, como todo el mundo sabemos.

EUGENIO:

Exactamente, para establecer las estrategias de combate.

FRANCISCO:

La Mexican Spy Company es otra vergüenza nacional. Cómo es posible que soldados mexicanos, sobornados por el ejército gringo, espiaran en los cuarteles de México para saber por dónde iban a atacar.

BENITO:

Como los colaboracionistas nazis.

ALEJANDRO:

Hay que ubicarse también en la época. No existía el sentimiento de unidad nacional que existe hoy. Nadie se sentía «hermano» del sonorense, el yucateco, el coahuilense, etcétera. Existe una división total. Habría también que hacer el *mea culpa* de México en esa época, porque esa guerra se iba a dar tarde o temprano. Nadie nos iba a librar de una guerra contra Estados Unidos. Este país estaba, exactamente a mitad del siglo XIX, con su política de expansión, buscando lo que era la transcontinentalidad; es decir, tener una salida por el océano Atlántico, con la cual ya contaban desde que se establecieron las 13 colonias en el siglo XVII, pero también tener una salida por el Pacífico. Para ello debían ir a la guerra, y eso venía desde el conflicto de Texas de 1836. Pero centrémonos en el Brindis del Desierto.

FRANCISCO:

Una vez ocupada la capital, un grupo de liberales radicales van a ver a Winfield Scott a Palacio Nacional, donde despachaba el general en jefe del ejército de Estados Unidos. Eran diputados, periodistas, intelectuales, encabezados por Miguel Lerdo de Tejada, el hermano de Sebastián Lerdo de Tejada. Le dicen que quieren invitarlo a un brindis en el Desierto de los Leones. Winfield Scott se llena de miedo, porque piensa que es una trampa para asesinarlo. Manda un piquete de soldados a revisar la zona y se da cuenta de que no hay tal trampa. Los mexicanos simplemente querían brindarle un homenaje al general en jefe del ejército invasor. Asiste al Desierto de los Leones y para su azoro, Miguel Lerdo de Tejada le dice: «Señor Winfield Scott, los que estamos aquí reunidos, representantes de la nación mexicana, queremos que usted se convierta en el próximo presidente de México».

EUGENIO:

¡Qué vergüenza! ¡Qué ignominia!

FRANCISCO:

Oprobio. Se sale uno de la piel.

EUGENIO:

Pero además Scott ya había tenido un entendimiento con Antonio López de Santa Anna. Ocurrió cuando a éste lo llevan preso de San Jacinto a Washington, tras el desastre de Texas en 1836. Pasa por Harrisburg, donde tiene una reunión con Scott, quien todavía no era comandante del ejército con el cual invadiría el país.

ALEJANDRO:

Faltaban nueve años.

EUGENIO:

Sí, faltaba bastante tiempo. Pero ahí se ponen de acuerdo en cómo Santa Anna le puede vender a Scott el territorio que Estados Unidos codicia. Ahí ya se habla de dinero.

ALEJANDRO:

No creo que Santa Anna hubiera tenido tanto poder como para que él solo pudiera vender México; tenía cierta influencia sobre algunos grupos.

EUGENIO:

Pero no era poder sobre el ejército. El abastecedor del Ejército Mexicano durante la guerra de intervención de 1847 es su cuñado, Ricardo Doromund. Él es quien compra las balas que no entran en los rifles, los obuses de cañones que no sirven para nada. Estaba todo sobrentendido.

BENITO:

Hay una gran conjura. Pero para los que no son de la Ciudad de México, cabe explicar que el Desierto de los Leones no es un desierto ni hay leones.

ALEJANDRO:

Les puedo explicar por qué se llama así. En la época colonial había una pequeña ermita propiedad de unos hermanos León. Esa ermita se utilizaba para orar y hacer reflexión. Por ello el lugar siempre estaba desierto, casi nunca había nadie. De ahí viene el nombre de «Desierto».

FRANCISCO:
Centrándonos en el tema del Brindis del Desierto...

EUGENIO:
Se dice que brindaron con margaritas. Las «margaritas» eran las prostitutas que acompañaban a los soldados invasores en el Hotel de la Bella Unión, donde se reunían y tenían sus orgías y saraos, y a ellas se les llama las «margaritas». Inclusive hay una canción que habla de las «margaritas» y el ejército invasor.

ALEJANDRO:
Una estrofa decía: «Ya las margaritas hablan en inglés/ les dicen: "¿me quieres?" y responden: "*yes*"».

EUGENIO:
Lo que me llama la atención es que Miguel Lerdo de Tejada, quien era un liberal probado, hermano de Sebastián Lerdo de Tejada, se haya prestado a jugar ese papel tan infame, cuando era un hombre de patriotismo demostrado. Años después, promulgaría leyes para quitarle los bienes a la Iglesia y hacer una serie de reformas.

FRANCISCO:
La desamortización de los bienes del clero.

ALEJANDRO:
Pero eso fue mucho tiempo después. En los años de la guerra contra Estados Unidos era muy joven. La Ley de Desamortización de los Bienes del Clero se promulga hasta 1856, y estamos hablando de 1847. Yo creo que él estaba todavía en esa fascinación que muchos liberales

del siglo XIX sintieron por Estados Unidos. A ese grado de abyección.

FRANCISCO:

Fue en 1859 cuando se emite la Ley de la Nacionalización de los Bienes del Clero.

ALEJANDRO:

La de nacionalización, sí, pero la ley de Miguel Lerdo de Tejada es la de desamortización, de 1856, que formó parte de las llamadas Leyes Prerreformistas.

FRANCISCO:

Antes de la Constitución.

BENITO:

Es cierto lo que dice Alejandro acerca de esa fascinación por la revolución de 1776, el proceso de independencia y el fin de la esclavitud en Norteamérica. Sí creaba una fascinación. Era una especie de imaginario cercano de «Libertad, igualdad y fraternidad» francesa.

EUGENIO:

Claro que crea una fascinación porque es la primera república que surge en el mundo moderno. Ya desde la época de la Independencia, Miguel Hidalgo admiraba lo que habían hecho los estadounidenses en su país. Por eso cuando se consuma la Independencia, Guadalupe Victoria sustenta la propuesta de una república federal.

ALEJANDRO:

Pero aun así no se justifica el Brindis del Desierto, porque por otro lado, si Estados Unidos te fascina porque es maravilloso, porque es el país de la igualdad, porque es la primera nación de América que se opone totalmente a las monarquías europeas y te invade... El país que es tu modelo termina humillándote e invadiéndote.

FRANCISCO:

Y mutilándote.

EUGENIO:

Pero esa fascinación sobrevive. Hay millones de mexicanos que querrían ser gringos de segunda.

BENITO:

Pero es una fascinación extrapolada a otras lógicas económicas.

FRANCISCO:

¿Qué es lo que contesta Winfield Scott? «Les agradezco mucho la distinción, les agradezco mucho el honor, pero no puedo aceptarlo porque yo quiero ser presidente de Estados Unidos, porque el prestigio militar que adquirí en esta guerra se va a convertir en prestigio político y electoral y voy a ganar las elecciones».

EUGENIO:

Y de hecho él contiende por la presidencia de Estados Unidos.

BENITO:

Y no la alcanzó.

FRANCISCO:

Después le dice Lerdo de Tejada a Scott: «Mi general, si usted no acepta ser presidente de México, pídale al presidente James Polk que por favor se anexe todo México». No solamente los territorios de California, Nuevo México y Texas, que ya habíamos perdido, sino absolutamente todo. La moción de Lerdo de Tejada era *All Mexico*. Scott contesta: «Se lo voy a transmitir al presidente de Estados Unidos». Se lo transmite y Polk contesta que él sólo se quedaría con las regiones despobladas, porque México tiene seis millones de indígenas que son seis millones de «ruedas cuadradas». ¡Imagínate qué expresión, «ruedas cuadradas»!

BENITO:
Racistas, salvajes, bestias, animales.

FRANCISCO:
Tendría que haber matado a todos los mexicanos como acabaron con los sioux, los comanches, los apaches, los navajos.

EUGENIO:
Ése era el trato que pretendían darle a la población de México.

FRANCISCO:
«Porque México nunca va a poder levantar el vuelo —continuó Scott— con seis millones de indígenas, y si yo acepto el país con los indígenas, vamos a hundir a Estados Unidos. Entonces me quedo con lo despoblado», y así fue como aconteció.

EUGENIO:
Si hubiera tenido un poco de visión a futuro, le hubieran dado ochenta infartos, como está la situación con los migrantes en Estados Unidos y el poder político que ya tienen.

FRANCISCO:
El fenómeno de la reconquista.

EUGENIO:

Les hemos dado la vuelta con creces; ya estamos en Nueva York.

BENITO:

Uno: hay que cambiar el nombre de «guerra del 47» por «invasión del 47». No fue una guerra en términos estrictos.

EUGENIO:

Sí fue una guerra en términos estrictos: las batallas de Palo Alto, de la Angostura y de Cerro Gordo fueron batallas militarmente pulcras, con estrategias.

BENITO:

Y luego... nada.

EUGENIO:

Y luego hubo una serie de errores y traiciones.

ALEJANDRO:

Yo creo que el nombre es lo de menos. Realmente sí es una invasión a leguas. Además, siguiendo la misma ruta de Cortés. Cuenta Lucas Alamán, y es maravillosa esa anécdota, que los soldados estadounidenses iban al Hospital de Jesús, donde él se encontraba, para ver un retrato que tenía de Hernán Cortés y sus armas. Lucas Alamán era el apoderado legal de los descendientes de Hernán Cortés. Llegaban y veían fascinados aquel retrato.

BENITO:

Estamos olvidando a quienes, ante la vergüenza y el oprobio, se pusieron de lado de los mexicanos: los irlandeses.

FRANCISCO:

¡Claro! El Batallón de San Patricio.

BENITO:

Creo que vale la pena decirlo: el Batallón de San Patricio, completo, se pasa del lado de los mexicanos, defiende el Convento de Churubusco, el 20 de agosto de 1847, y muchos mueren ahí.

FRANCISCO:

Y además así les fue. Fueron fusilados. El ejército estadounidense les marcaba en la cara con un hierro candente la «T» de traidores, y les quedaba así para toda la vida.

EUGENIO:

La razón de su apoyo a México es muy obvia: los irlandeses eran católicos y los dirigentes de Estados Unidos básicamente eran protestantes.

ALEJANDRO:

Los trataban muy mal.

EUGENIO:

Entonces los irlandeses dicen: «¿cómo vamos a pelear contra personas que tienen nuestra misma religión?», por un lado. Por el otro, se dan cuenta de que los estadounidenses nos estaban haciendo a nosotros lo mismo que los ingleses les habían hecho a ellos.

BENITO:

Bueno, es una parte de la historia de México que debemos rescatar.

EUGENIO:

Volvamos al Brindis del Desierto.

ALEJANDRO:

Muchos actos vergonzosos se dieron a lo largo de la guerra. Ya lo mencionaste tú, Eugenio: Puebla, o buena parte de su sociedad, no dispara un solo tiro para defender al país, los dejan pasar.

FRANCISCO:

Y además le rinde un homenaje a Winfield Scott.

ALEJANDRO:

Y luego la Ciudad de México reacciona tarde. Ya cuando van llegando al primer cuadro de la capital, es cuando empiezan los ciudadanos a mostrar resistencia.

FRANCISCO:

Que para mi gusto fue una defensa muy pobre, pues se pudieron haber hecho maravillas.

ALEJANDRO:

Otra vergüenza fue la inacción de Juan Álvarez, viejo militar que había peleado en la Independencia. Álvarez se encontraba con la caballería en la Hacienda de los Morales, y desde ahí vio cómo los estadounidenses masacraban a los mexicanos en Molino del Rey, el 8 de septiembre de 1847. Fue la última batalla que pudieron haber ganado los mexicanos, pero en vez de lanzar la caballería contra los invasores, se cruzó de brazos. Y todo por las envidias de quién se llevaría la gloria. Por ese tipo de actos merecemos lo que nos sucedió esa vez.

FRANCISCO:

Militarmente hay algo que no se ha tomado en cuenta: ¿cómo se abastecían los soldados estadounidenses en los mercados mexicanos? Compraban fruta, legumbres, sin las líneas de abasto que hay ahora.

EUGENIO:

Porque los guerrilleros mexicanos de la Ciudad de México destruyeron los convoyes que había organizado Winfield Scott para abastecer a su ejército de comida; tan pronto salía un convoy, los mexicanos lo hacían «pomada».

ALEJANDRO:

Por la forma como nos enseñaron la historia parece que la guerra acabó con el asalto al Castillo de Chapultepec, el 13 de septiembre de 1847, y luego llegó la paz el 2 de febrero de 1848. Sin embargo, cabe decir que la capital del país estuvo en manos de un ejército de ocupación de septiembre de 1847 a junio del 1848. La gente de la ciudad debió aprender a coexistir o a convivir con ello y había de todo. Manuel Rivera Cambas en sus crónicas, Antonio García Cubas en *El libro de mis recuerdos* y Guillermo Prieto cuentan que, en poco tiempo, la gente ya ponía los letreros de sus comercios o de sus tiendas en inglés. Estaban fascinados porque los estadounidenses pagaban las mercancías en *cash*, valga la expresión.

EUGENIO:

Y con oro también pagaban.

ALEJANDRO:

Ese pago en efectivo agradó a los capitalinos, pues lo que habían vivido en los últimos años eran préstamos forzosos, confiscación de bienes o debían entregar sus mercancías a cambio de vales. Los estadounidenses pagaban con moneda contante y sonante.

EUGENIO:

Fue una lección que llegó para quedarse, pues hoy algunos comercios mexicanos tienen sus anuncios en inglés.

BENITO:

Quiero rescatar una historia, a ver si ustedes la conocen, de un héroe desconocido. En el momento en que se iza la bandera de Estados Unidos en Palacio Nacional, el soldado estadounidense que la está subiendo es bajado de ahí de un tiro.

ALEJANDRO:

¿Pero el pasaje existe?

FRANCISCO:

No. Yo creo que no. No había manera.

BENITO:

Yo creo que sí. Y si no existe debería haber existido.

FRANCISCO:

Eso sí. Me parece encantador.

BENITO:

Bajar a un güey que se pone a plantar una bandera extranjera en el centro de nuestra patria... debía morir.

FRANCISCO:

¡No había manera! En primer lugar porque estaba muy lejos y no tenían rifles de alcance. Y en segundo lugar, si tú observas las litografías de la época de Carl Nebel, ves cómo está formado todo el ejército estadounidense ahí y no había manera de que se colara nadie.

ALEJANDRO:

Es una bonita historia romántica, pero eso no sucedió. Ahí es donde te das cuenta de todo lo vergonzoso. Si lo más que se pudo hacer fue que alguien le diera un tiro a quien subía la bandera, haya existido o no, ¿dónde estaban todos los demás? ¿Dónde estaba ese sentido de dignidad y honor de la clase política?

EUGENIO:

Estaban azorrillados, escondidos.

ALEJANDRO:

No, azorrillados no; estaban divididos. Les importaba un comino lo que le estaba pasando al país y al pueblo.

BENITO:

Sin embargo, el pueblo llano estaba ahí, defendiendo.

ALEJANDRO:

Como siempre saca la casta cuando se puede. Pero también la sociedad estaba dividida. Por ejemplo, a Yucatán no le importó la guerra, estaba intentando separarse de México.

FRANCISCO:

Claro. Fueron todavía a ver al presidente Polk para pedirle que también comprara Yucatán. La hermana república.

EUGENIO:

En una de las litografías que mencionaste, Francisco, se ve en una esquinita al padre Jarauta y a sus guerrilleros, por Catedral, todavía disparándoles a los estadounidenses.

FRANCISCO:

También habría que rescatar la figura de una mujer, Martha Hernández, quien vendía trompadas en la puerta de Catedral.

EUGENIO:

Explica qué es una *trompada*.

FRANCISCO:

Son unos dulces muy ricos y los vendía envenenados, con un veneno llamado «veintiunilla». Los que estaban destinados a los gringos estaban en una cajita de vidrio especial con el veneno y los otros los vendía al público en general.

BENITO:

Y morían veintiún días después.

EUGENIO:

El padre de don Joaquín de la Cantolla y Rico, el aeronauta, fue dueño de la primera cervecería que se instaló en la Ciudad de México. Lo va a ver Robert Lee, quien después sería el jefe de los Confederados en la guerra de Secesión de Estados Unidos, para que le vendiera alimentos; se niega, pero le dice que sí le puede vender cerveza. Adultera la cerveza que se surtía en el Hotel Bella Unión y les provoca unas diarreas infames a los soldados y oficiales estadounidenses.

FRANCISCO:

Yo no puedo brindar por la vergüenza, pero sí brindo por todos esos héroes anónimos que bajaron a los soldados estadounidenses de Catedral.

6
FUSILAMIENTOS, LA HISTORIA DE MÉXICO

෴

En alguna ocasión, Eulalio Gutiérrez, uno de los presidentes de México durante el periodo revolucionario, dijo: «El paisaje mexicano huele a sangre». No se equivocaba, desde que México comenzó su Independencia en 1810, muchos de sus protagonistas cayeron víctimas del pelotón de fusilamiento, del asesinato, de la emboscada. En no pocos casos, la ley fue utilizada para acabar con los enemigos políticos. Nadie dio cuartel y poco importó si las víctimas habían hecho algo por la patria.

.

FRANCISCO:

Un tema interesante es la historia de los fusilamientos y asesinatos políticos en nuestro país. Muchas vidas fueron segadas en los paredones y cambiaron, sin duda, el destino de México. Y creo que esta violencia en la mayoría de los casos ni siquiera se dio dentro de la legalidad, en el monopolio del uso de la fuerza del Estado, sino con la máxima arbitrariedad.

EUGENIO:

Los fusilamientos tienen un contenido épico.

ALEJANDRO:

Y para nosotros que somos narradores, describir el final de un personaje frente al pelotón es un gran momento. Si algo define la historia de México es el fusilamiento, independientemente de que hay otro tipo de muertes a lo largo de la Independencia, la Reforma, la Revolución. Desde la época de la Independencia el fusilamiento lo vemos claramente definido, y luego en la Reforma e Intervención, y no se diga en la Revolución.

BENITO:

Este país no se construyó con las vías del ferrocarril sino a base de paredones. Desde la Independencia hasta la

Revolución fueron una sucesión de paredones los que nos han determinado, y todavía estamos pagando algunas de esas culpas, de esos fusilamientos.

FRANCISCO:
Por supuesto.

EUGENIO:
Claro que lo estamos pagando.

ALEJANDRO:
Ahora habría muchos que valdría la pena llevarlos al paredón; aunque hoy, con las leyes, no es posible.

FRANCISCO:
Y al estilo de la Inquisición, habría que hacerlos cenizas.

BENITO:
Claro.

EUGENIO:
Pero habría que fusilarlos con balas de goma, para que sufran más.

FRANCISCO:
Pero ya que hablamos de fusilamientos. Hace como un año estuve en una reunión en Washington, D. C., en la Casa Blanca. Había un salón gigantesco donde estaban los retratos al óleo de los padres fundadores de Estados Unidos y algo me llamó la atención. Ahí estaba George Washington...

EUGENIO:
... Jefferson...

FRANCISCO:
Jefferson, Madison, Monroe…

EUGENIO:
Adams.

FRANCISCO:
Sí, todos. Y todos murieron en la cama de viejos, excepto uno de ellos que murió en un duelo. ¿A dónde voy con esto? Cuando ves la historia de México ves a Hidalgo fusilado, Morelos fusilado, Matamoros fusilado, Allende fusilado.

EUGENIO:
Vicente Guerrero fusilado.

FRANCISCO:
Iturbide fusilado, Vicente Guerrero fusilado. Y después tienes, y qué bueno, a Maximiliano fusilado, a Mejía fusilado, a Miramón fusilado. Esos fusilamientos sí los aplaudo.

EUGENIO:
Curiosamente los mexicanos que han muerto en la cama han sido los más traidores: Antonio López de Santa Anna murió en la cama.

ALEJANDRO:
Victoriano Huerta.

EUGENIO:
Huerta murió en la cama…

ALEJANDRO:
… retorciéndose, pero murió en la cama.

FRANCISCO:

Pero, ¿entonces no es cierto eso de que «el que la hace la paga»?

EUGENIO:

No, no.

BENITO:

No.

EUGENIO:

Ni tampoco eso de que «el que a hierro mata, a hierro muere».

FRANCISCO:

Pero suena bien, ¿no?

ALEJANDRO:

Sí suena bien, y es deseable. Pero yo sí haría una diferenciación. Son muchos fusilados y momentos, como dices, de pararse frente a los fusiles. Hay que ser, como diría el clásico, muy hombrecito para no doblarse y enfrentar la orden de «fuego». Creo que sí eran personajes de otra dimensión. Pero, por ejemplo, para mí es mucho más grave el fusilamiento de Iturbide o de Guerrero, que el de Hidalgo, Morelos, Mina, Allende, Aldama y Jiménez.

EUGENIO:

¿Por qué?

ALEJANDRO:

Hoy los vemos como los héroes de la Independencia, pero en ese momento, eran hombres que estaban fuera de la ley, es decir, ante la Corona española debían morir fusilados porque estaban poniendo en riesgo a las instituciones de la Nueva España. Entonces era lógico que murieran así. Les aplicaron la ley solamente.

EUGENIO:

Pero Iturbide también estaba fuera de la ley cuando lo fusilaron: ya había sido derrotado, exiliado y luego regresa.

FRANCISCO:

Había disuelto el Congreso, estaba condenado a muerte.

ALEJANDRO:

En los casos de Guerrero e Iturbide, a mí me parece que sí nos cayó la maldición del chahuiscle.

EUGENIO:

En el de Guerrero.

ALEJANDRO:

En los dos, porque ambos fueron los libertadores, finalmente fueron los hombres que consumaron la Independencia. Los hombres que al final pudieron ponerse de acuerdo en un país donde estamos acostumbrados a jamás ponernos de acuerdo. Ellos, Iturbide y Guerrero, pudieron hacerlo.

FRANCISCO:

Son los que refrendan finalmente el llamado Abrazo de Acatempan.

BENITO:

Que no existió.

FRANCISCO:

Pero tienes razón, fueron Iturbide y Guerrero, y los dos acabaron fusilados.

ALEJANDRO:

Así es, esa generación de políticos cometió parricidio; asesinó a nuestros padres fundadores. Por eso nos cayó la maldición para toda la eternidad.

EUGENIO:

¿Por qué no empezamos por el fusilamiento de Hidalgo?

BENITO:

Que es el primero importante.

EUGENIO:

A Hidalgo le hacen tres descargas: la primera de cinco balazos y el tipo no se muere; viene la segunda descarga de cinco balazos y el tipo no se acaba de morir, y le tienen que dar tres tiros más para que muera. Es decir, muere de tres descargas sucesivamente. Imagínense el dolor, el desgarramiento de este ser humano al recibir esos impactos. Ahora bien, muere como un valiente porque lo querían fusilar como traidor y él se niega a que le venden los ojos.

BENITO:

Y a que lo sienten.

EUGENIO:

A que lo sienten y lo fusilen por la espalda, como habían fusilado a Allende, Jiménez y Aldama. A ellos sí los fusilaron como traidores. A Hidalgo no. Hidalgo dio el pecho y es una muerte heroica.

FRANCISCO:

Cabe destacar el pánico que tenían quienes integraban el pelotón de fusilamiento de matar a un cura.

EUGENIO:

Sí, por supuesto.

FRANCISCO:

Porque también tiene su *asegún*.

EUGENIO:

Un cura que ya había sido degradado por la Iglesia.

FRANCISCO:

Sí, pero finalmente era un cura, y a lo mejor la mayor parte de ellos no sabían que había sido degradado.

EUGENIO:

Un cura bueno y querido.

FRANCISCO:

Y excomulgado.

EUGENIO:

¿Sabían que, antes ser fusilado, mandó pedir unos dulces que tenía en su celda y se los repartió a los soldados?

ALEJANDRO:

Hay que ver el detalle personal de cómo cada uno afronta la muerte. Todos la van a afrontar de una manera muy gallarda. Lo que es una vergüenza es la forma como la clase política de los primeros años del México independiente condenó a muerte a Iturbide y a Guerrero por sus pistolas, y lo revistió de legalidad. En el caso de Iturbide había un decreto que básicamente decía: «si regresa del exilio y pone un pie en México, échenselo».

FRANCISCO:

Llegó al extremo de que, según el decreto, cualquier persona estaba autorizada para matar a Iturbide en cualquier parte del territorio nacional en donde lo encontrara. ¡Imagínate qué decreto!

EUGENIO:

Sí, muy claro. Y el tipo regresó por necio.

FRANCISCO:

No, estaba en la miseria.

ALEJANDRO:

Y además extrañaba la fama y la gloria.

BENITO:

Y a la Güera.

EUGENIO:

La Güera sí jalaba, y jalaba galeones.

FRANCISCO:

Iturbide creía que iba a recuperar el poder.

EUGENIO:

La muerte que se me hace infame es el fusilamiento de Vicente Guerrero, traicionado.

ALEJANDRO:

Lo traiciona Francisco Picaluga en el *Colombo*. Se lo lleva de Acapulco a Huatulco.

BENITO:

Francisco Picaluga le había ofrecido un convite a bordo de su bergantín, el *Colombo*. Entrega a Guerrero a las autoridades en Huatulco, en la playa de La Entrega, y de ahí se lo llevan a pie hasta Oaxaca, para fusilarlo en la huerta del Convento de Cuilapan, el 14 de febrero de 1831.

ALEJANDRO:

Terrible. Cuentan que fue una marcha cruenta.

FRANCISCO:

Y en qué condiciones.

EUGENIO:

Ese fusilamiento fue oprobioso y además marca la historia de México, porque es el primer golpe de Estado que se da en este país.

FRANCISCO:

No, ya Guerrero había dado un golpe de Estado contra Manuel Gómez Pedraza, en 1829.

EUGENIO:

Pero ése fue el Congreso más que Guerrero, y ahí tuvo que ver aquel embajador de infausta memoria, Joel R. Poinsett, el primer embajador de Estados Unidos en México.

ALEJANDRO:

Pero finalmente Guerrero consintió. Si él no hubiera estado de acuerdo con el golpe, Eugenio, hubiera dicho: «No, yo no le entro; las elecciones las ganó Gómez Pedraza, y así es la democracia». Pero no fue así. Se dejó manipular. Se metió solitito hasta la cocina y le dio al traste a la primera sucesión presidencial de la República (1829).

FRANCISCO:
El primer golpista de la historia de México se llama Vicente Guerrero.

EUGENIO:
Si lo ves así, sí.

FRANCISCO:
Es duro pero ahí están los datos, ahí están los hechos.

BENITO:
Lo cierto es que los prohombres que construyeron esta patria mueren en un paredón o asesinados a mansalva de manera salvaje.

FRANCISCO:
A pesar de que eran los padres fundadores de México.

EUGENIO:
Cierto, los prohombres mueren en el paredón. Por ejemplo, la ejecución de mi tío abuelo, Eugenio Aguirre Benavides, general en jefe de la Brigada Zaragoza en la División del Norte, no sé si llamarla «fusilamiento» o «asesinato».

ALEJANDRO:
Fue una ejecución sumaria de trece personas ocurrida el 2 de junio de 1915.

EUGENIO:
Fue una ejecución terrible.

ALEJANDRO:

Ahí, en Los Aldama, cerca de Nuevo León.

EUGENIO:

Nafarrete se apellidaba el infeliz que los fusiló.

ALEJANDRO:

La Pantera de Tamaulipas le apodaban.

FRANCISCO:

Pero regresemos al siglo XIX. Hablemos del fusilamiento del que para mí fue el Padre de la Patria, uno de los grandes padres: Melchor Ocampo. Él fue fusilado de manera brutal, arbitraria.

ALEJANDRO:

Yo creo que ahí deja de ser fusilamiento, es asesinato.

EUGENIO:

Por eso a Leonardo Márquez se le llamaba el Tigre de Tacubaya, por la saña con que mataba.

FRANCISCO:

Cuando le dicen a Melchor Ocampo: «Agáchese, arrodíllese», él pronuncia aquella gran frase: «Me doblo pero no me agacho».

ALEJANDRO:

No, lo que dijo fue: «Me doblo pero no me quiebro».

BENITO:

Hay mucho de cobardía en eso de fusilar. En el sentido de que pones a siete, ocho, diez tipos a disparar y no sabes cuál de ellos errará el tiro por unos metros y de alguna manera salvará su alma.

ALEJANDRO:

Recordemos que cuando les entregaban los rifles a los miembros del pelotón de fusilamiento, había uno que no estaba cargado, con la idea de que los soldados se quedaran con la duda, y cierta tranquilidad, de que había uno que no le quitó la vida al ejecutado. Era un asunto de tranquilizar la conciencia. De los fusilamientos famosos, se dice que Aureliano Blanquet, el hombre que aprehendió personalmente a Madero en 1913, le dio el tiro de gracia a Maximiliano, después de su fusilamiento el 19 de junio de 1867.

EUGENIO:

Y sobre el fusilamiento de Maximiliano ustedes han visto el cuadro que realizó Manet.

BENITO:

Es una joya, una belleza.

EUGENIO:

Es una obra increíble.

BENITO:

Porque está un poco borrado, incluso, del lado izquierdo, a propósito.

EUGENIO:

Y porque tiene la misma dimensión histórica y épica de los fusilamiento de mayo de...

BENITO:

... de Goya...

FRANCISCO:

Yo no podría dejar de ser novelista ni de imaginarme,

por ejemplo, la última noche de tu vida, cuando sabes que tan pronto salga el sol al día siguiente te van a fusilar y tienes diez horas más de vida. Pero como decía un amigo: «A mí no me espantan las balas, lo que me espanta es lo fuerte que las avientan».

EUGENIO:
Yo pediría un yogurt antes de ser fusilado para que no me dé retortijón.

BENITO:
Me quedé pensando en las últimas cenas, con la lógica cristiana de la última cena de Jesucristo y sus apóstoles, antes de que al día siguiente sea crucificado. Pero esta lógica de «qué quiere usted cenar, pida lo que quiera, es su última cena», pensar en ese momento, en la soledad de tu celda, en lo último que vas a comer, el recuerdo de los amores posibles e imposibles...

ALEJANDRO:
... pero qué hambre te puede dar...

BENITO:
... ninguna.

ALEJANDRO:
... faltando tres horas para que llegues al patíbulo. Por ejemplo, a Maximiliano, Miramón y Mejía les dieron pollo, pan y un vaso de vino...

FRANCISCO:
Les pregunto: ¿qué harían en esas últimas doce horas? Yo, a lo mejor, pediría papel y lápiz, y si no, escribiría en la pared con sangre. Los padres fundadores de México perecieron ante el pelotón de fusilamiento, pero ése fue

apenas el comienzo. El propio Melchor Ocampo también es fusilado o acribillado o ejecutado, y vendrían Santos Degollado y Leandro Valle, y los generales Arteaga y Salazar y Maximiliano, Miramón y Mejía, y los conspiradores lerdistas en 1879, cuando les aplicaron la «mátalos en caliente». Y después tenemos el caso de Madero, quien no es fusilado pero es asesinado; el de Pino Suárez, asesinado y el de Gustavo Madero, asesinado. ¿Cómo se escribe la historia de México?

ALEJANDRO:
Y Adolfo Bassó, quien era el intendente de Palacio Nacional. A él lo fusilan en la Ciudadela, casi al mismo tiempo que a Gustavo Madero.

BENITO:
Pero el de Gustavo Madero es el asesinato más dramático en la historia de este país.

FRANCISCO:
Y continúan. Después fue Belisario Domínguez, asesinado de una manera espantosa. Luego Serapio Rendón.

ALEJANDRO:
Ya no se tomaban ni siquiera la molestia de formarles cuadro para fusilarlos.

EUGENIO:
Los mataban a mansalva.

ALEJANDRO:
En caliente.

FRANCISCO:
Después el fusilamiento, bueno, no es fusilamiento, el

acribillamiento de Zapata y el asesinato de Pancho Villa, el de Carranza...

BENITO:
... Obregón, quien aparentemente muere de un tiro y al final resultaron ser más de treinta. Es más que un fusilamiento.

FRANCISCO:
El de Francisco Serrano y el de Arnulfo Gómez.

BENITO:
Estoy pensando en otro fusilamiento. Tengo la fotografía del momento en que están a punto de ejecutar al padre Pro, en 1927; está de pie, y en el momento en que dan la orden de «preparen, apunten, fuego», pone las manos en cruz. Esa fotografía está ahí y es un emblema de fe.

ALEJANDRO:
Me vino a la mente lo ocurrido con Maximiliano, Miramón y Mejía. Los condenan para ser ejecutados el 16 de junio de 1867 y en el último minuto llega la orden de que la ejecución se pospone para el 19. Ya para ese momento, se habían confesado, habían escrito su última voluntad, se habían despedido de este mundo. Entonces resulta cruel el cambio de fecha. Cuando marcharon al paredón iban moralmente muertos, porque, además, habían abrigado la posibilidad del perdón, que nunca llegó.

EUGENIO:
O de poder fugarse, o de que la historia diera un giro.

ALEJANDRO:
Aquella mañana del 19 de junio de 1867, cuando salen del convento de Capuchinas en Querétaro rumbo al Ce-

rro de las Campanas, donde los van a ejecutar, Maximiliano mira al cielo y dice: «¡Siempre quise morir en un día así!». Era una mañana azul de junio en Querétaro, esplendorosa, un poco antes de las siete de la mañana.

FRANCISCO:
Dicen que Maximiliano había consumido una gran cantidad de hachís antes del fusilamiento.

ALEJANDRO:
No lo dudo, pero no conocía ese dato.

FRANCISCO:
Él lo pidió, porque era adicto al hachís. Claro, yo hubiera pedido una sobredosis también… cuando te van a poner frente al pelotón.

EUGENIO:
Yo hubiera pedido morfina y con eso no te duele nada.

BENITO:
A mi tío abuelo le hicieron dos simulacros de fusilamiento en la cárcel de Burgos, durante la Guerra Civil española.

FRANCISCO:
¿Y lo fusilaron?

BENITO:
No, fueron dos simulacros: «preparen, apunten, fuego», y no disparaban.

EUGENIO:
Es una situación terrible, pavorosa, porque ya no sabes dónde empieza la realidad y dónde empieza la ficción.

FRANCISCO:

Recordemos también el fusilamiento de Felipe Carrillo Puerto. Ya estamos hablando de enero de 1924. Lo ejecutan junto con sus hermanos.

BENITO:

Carrillo Puerto era líder del Partido Socialista del Sureste.

FRANCISCO:

No recuerdo, pero creo que eran tres hermanos y él, y a los cuatro los fusilan. Y uno de ellos les dice, cuando están frente al pelotón: «¿Y qué le vamos a decir a mamá?». Todavía imaginaba que alguno de los cuatro iba a poder explicarle a su mamá lo que estaba sucediendo.

ALEJANDRO:

Pero además, es víctima de una de las rebeliones de las primeras décadas del siglo XX. Lo fusilan los delahuertistas que se habían levantado en armas contra el régimen del presidente Álvaro Obregón, luego de que impuso como candidato a la presidencia a Plutarco Elías Calles.

BENITO:

Estaba defendiendo la legalidad.

ALEJANDRO:

Además, la noche previa al fusilamiento, sus enemigos le llevaron serenata a la prisión Juárez, en Mérida. Durante horas le cantaron *Peregrina*, canción que había mandado componer para su amada Alma Reed, con quien debía casarse una semana después y a quien no volvería a ver.

FRANCISCO:

Buscando en los archivos de la Secretaría de la Defensa Nacional, queda claro lo que estás diciendo; es cierto, eran delahuertistas, pero lo que no se dice es que eran delahuertistas manipulados por Obregón para acabar con Felipe Carrillo Puerto, quien se estaba convirtiendo en una verdadera amenaza. A Obregón le interesaba acabar con él y echarle la culpa a los delahuertistas. Sí, son delahuertistas, pero financiados, auspiciados, por Álvaro Obregón.

BENITO:

Pero entonces es todavía peor, muchísimo más grave.

ALEJANDRO:

Pero así actuaba Obregón, era muy bajo, de bajos instintos.

FRANCISCO:

Yo estoy convencido de que Victoriano Huerta, comparado con Álvaro Obregón, era un niño de teta, era Mary Poppins.

EUGENIO:

Estoy pensando en Felipe Ángeles; también murió fusilado.

ALEJANDRO:

A las seis de la mañana del 26 de noviembre de 1919, en Chihuahua. También fue una situación muy triste porque lo condenan a muerte como a la una de la mañana del mismo 26, y entonces los últimos minutos de su vida los dedica a leer *La vida de Jesús,* de Renan. Le ofrecen un sacerdote y dice que no, que mejor debían llevar a un psicólogo para que viera cómo enfrenta la muerte un hombre a punto de fallecer. Y se pone su traje, le escribe a su esposa y a las seis de mañana lo sacan y lo fusilan.

BENITO:
Qué gran tipo era Felipe Ángeles.

ALEJANDRO:
Todos ellos. Realmente el único que se rajó, se dobló, lloró y pidió clemencia frente al pelotón fue, curiosamente, Pancho Villa, porque ni Maximiliano ni Miramón ni Mejía ni Vidaurri. Todo ellos no, desde Hidalgo hasta nuestros días.

BENITO:
Pero Villa no fue fusilado.

ALEJANDRO:
En 1912, durante la rebelión contra Orozco, Villa está combatiendo bajo las órdenes de Huerta por un asunto de un caballo robado o algo así. Huerta ya lo ve, creo yo, como gallo con espolones; entonces decide fusilarlo y lo pone en el paredón. Le forma cuadro, y dicen las crónicas que se quebró, lloró, pataleó, suplicó: «Por favor, perdónenme». Lo cual es una ironía si consideramos que Villa no perdonaba la vida. Gracias a la intervención oportuna de uno de los hermanos de Madero salvó la vida.

FRANCISCO:
Igual acuérdate cuando el propio Pancho Villa iba a fusilar a Obregón, lo iba a pasar por las armas en dos ocasiones. Y a la hora de la hora no lo manda fusilar, pero hubiera cambiado la historia de México ese fusilamiento.

BENITO:
Radicalmente.

EUGENIO:

Es que si quitamos cualquiera de los fusilamientos que hemos mencionado, la historia hubiera cambiado ciento ochenta grados, no hubiera seguido igual, como está registrada.

FRANCISCO:

Pero también, si partes del supuesto de que quien hace la revolución a medias cava su propia tumba, entonces, «como yo no voy a hacer la revolución a medias, aquí mismo los ejecuto». Es una de las razones por las que creo que asesinan a Madero, porque él podría haber sido exiliado a Cuba, pero Huerta pensaba: «Qué tal si después del exilio se hace fuerte otra vez y regresa a México para derrocarme». Por eso decían: «Los muertos del hoyo no salen; de la cárcel sí, pero del hoyo no».

EUGENIO:

Estoy recordando una frase: «Fusílenlos, después *virigüenlos*».

ALEJANDRO:

«Primero dispara y luego *virigua*».

EUGENIO:

¿De quién es? ¿De Porfirio Díaz?

ALEJANDRO:

No sé, es *vox populi*.

FRANCISCO:

Se le acredita a él.

EUGENIO:

Ésa es una frase lapidaria terrible.

FRANCISCO:

Otro conato de asesinato que también se debe rescatar y que la historia toca muy poco es el del Nopalito, el de Pascual Ortiz Rubio, cuando toma posesión como Presidente de la República.

EUGENIO:

De la bomba que le echaron.

ALEJANDRO:

No, fue un balazo, el 5 de febrero de 1930.

FRANCISCO:

Cuando sale de tomar posesión, un tipo llamado Daniel Flores le dispara y le da en la mandíbula y le sale por el otro lado. Eso acabó con él, según mi punto de vista, porque anímicamente no se pudo recuperar. Iba en el automóvil con su esposa y con su sobrina. Después descubrí que la sobrina al mismo tiempo era su amante. El Nopalito se daba su tiempo para todo.

ALEJANDRO:

Para eso no era muy baboso, por aquello de que le llamaban el Nopalito.

FRANCISCO:

Ése fue un intento de asesinato. Otro es el que sufrió el presidente Manuel Ávila Camacho.

ALEJANDRO:

De la Lama y Rojas, se apellidaba el oficial que lo intentó.

FRANCISCO:

Exacto, cuando se baja del automóvil, en Palacio Nacional, saca la pistola para dispararle a Ávila Camacho y éste se le va encima al asesino, lo abraza y en ese momento salva la vida. Pero si no salta Ávila Camacho, lo mata. Sus guardaespaldas estaban distraídos y no se lo imaginaban. También se cuenta que hubo un intento de envenenar a Lázaro Cárdenas. Trataron de envenenarlo, y de hecho estuvo grave en la cama, pero se salva. Era un hombre con una gran salud física. Fueron intentos de asesinato a tres presidentes mexicanos.

EUGENIO:

Está el atentado contra Porfirio Díaz también.

ALEJANDRO:

Pero en ése yo tengo mis dudas.

BENITO:

Fue un borracho.

ALEJANDRO:

Exacto, el típico borrachales, llamado Arnulfo Arroyo, quien seguramente dijo: «A mí Porfirio Díaz me pela los dientes» y se le echa encima con una piedra durante la ceremonia del 16 de septiembre de 1897. Porque si vas a intentar acabar con la vida de alguien, lo haces con un cuchillo, una pistola o una bomba, no con una piedra. ¿Cómo le das una pedrada en la cabeza a Porfirio Díaz?

FRANCISCO:

Sin embargo, lo agarran, lo llevan a la cárcel y ahí lo matan. Me parece que fue una injusticia.

EUGENIO:

Otro ejecutor memorable, por lo terrible del caso, es el asesino de Trotsky, con un piolet.

BENITO:

Se llamaba Jaques Mornard o Ramón Mercader; tenía cuatro nombres. Era agente de la KGB, pagado también por la CIA.

FRANCISCO:

A lo mejor lo que tendríamos que hacer es pensar que si nos fueran a fusilar mañana qué haríamos en nuestras últimas diez horas. Salud.

EUGENIO:

Yo me iba de reventón.

FRANCISCO:

Yo aprendería chino.

LOS ASESINATOS DE TOPILEJO

Entre 1920 y 1929 no hubo sucesión presidencial que no terminara en un baño de sangre. En 1920 Carranza fue asesinado por tratar de imponer a un candidato civil, frente a la candidatura de Álvaro Obregón. En diciembre de 1923, Adolfo de la Huerta se levantó en armas contra la imposición de Plutarco Elías Calles como candidato a la presidencia. La rebelión delahuertista significó una purga de generales que terminaron pasados por las armas y el exilio de De la Huerta. En 1927, luego de que Obregón anunciara su reelección, los candidatos de oposición, Francisco R. Serrano y Arnulfo R. Gómez, se lanzaron a la lucha electoral y terminaron muertos. Obregón ganó las elecciones pero nunca llegó al poder. Un caricaturista de nombre José de León Toral le quitó la vida en el restaurante La Bombilla el 17 de julio de 1928. Las elecciones de 1929, primeras en que participó el partido oficial, significaron un baño de sangre en la jornada electoral que terminó con la persecución de partidarios de José Vascon-

celos, el candidato derrotado. En enero de 1930,
un grupo de vasconcelistas fue «levantado» y sus
cuerpos aparecieron tiempo después en Topilejo.

FRANCISCO:

Mis queridos amigos conspiradores, hablemos de los asesinatos de Topilejo y de todos los crímenes políticos que se dieron en la década de 1920, en una lucha abierta por el poder. Los asesinatos de Topilejo, oprobiosos, ignominiosos, vergonzosos, se llevaron a cabo en enero de 1930. Creo que pocos conocen esta historia. ¿Qué les parece si la abordamos?

EUGENIO:

Me parece muy importante porque puedo imaginar el horror de esos diecinueve sacrificados cuando los van llevando al matadero sin que sepan cuál es la causa.

ALEJANDRO:

Cuando propusimos el tema, los sentimientos que se me desataron fueron de horror y temor, porque hoy encontramos fosas comunes por todo el país, casi cotidianamente, con gente desaparecida en los últimos años. Esta masacre que ocurrió en 1930 cimbró a la sociedad, no obstante que eran tiempos del llamado México bronco.

BENITO:

Sin lugar a dudas, creo que hemos perdido la capacidad de asombro en este país. Hoy un muerto, diez muertos, mil muertos, no significan nada. Diecinueve muertos en 1930 llenaron las páginas de los periódicos; se formaron corrillos en las calles; fue un escándalo de proporciones mayúsculas. Descubramos que en Topilejo no sólo venden quesadillas; ahí sucedió algo francamente terrible.

FRANCISCO:

Y que además conmocionó a la sociedad mexicana porque fue un crimen político, una venganza política ejecutada, según mi punto de vista, por el general Plutarco Elías Calles.

BENITO:

Una vez más.

FRANCISCO:

Siempre me impresionó cuando el politólogo, que en paz descanse, Jean François Revel, sostuvo que las revoluciones, o sirven para concentrar más el poder o no sirven para nada. Me pareció extremosa la definición. Pero si ustedes ven, la Revolución rusa acaba con los zares, pero comienzan los soviets, que se quedan setenta años. Vean ustedes lo que pasó con la Revolución china. Corren a Chiang Kai-shek, pero después qué sucede, se queda Mao cincuenta años y sigue todavía la concentración del poder en China. ¿Qué pasó con Cuba? Fidel Castro acaba con Batista y sigue siendo el dictador. O sea, las revoluciones sirvieron para concentrar más el poder, y en México fue igual. Este pequeño introito me permito hacerlo con el ánimo de que veamos lo que pasó en la Revolución Mexicana, que concentró aún más el poder después de los derrocamientos de los tiranos Porfirio Díaz y Victoriano Huerta.

EUGENIO:

No estaría de acuerdo con esta visión que tú tienes, porque sí, se dio una sucesión presidencial con muchos golpes de Estado, con muchos asesinatos, pero no hubo una concentración del poder en un dictador unipersonal. Cuando menos aquí se repartieron las cosas en un partido y eso dio más juego. Claro, la forma de acallar a los opositores era la muerte, y por eso estamos recordando a los mártires de Topilejo, a quienes los llevan para ser asesinados y los obligan a cavar sus propias tumbas.

ALEJANDRO:

Como generalmente sucede, yo, amigos conspiradores, no estoy de acuerdo ni contigo, Francisco, ni contigo, Eugenio.

FRANCISCO:

Me parece saludable.

BENITO:

Qué bueno que yo no he dicho nada.

ALEJANDRO:

Exacto, y eso que Benito no ha entrado en acción. En México, luego de la Revolución, el poder no se concentró en un solo hombre, sino en una institución que fue el partido oficial, y la manera en que se distribuyó el poder fue de una forma impune, autoritaria, que propició la corrupción. Por otro lado, creo que hay una parte, quizá luminosa, de la Revolución, las causas que le dieron origen y justificación se convirtieron en leyes, que ya es un primer paso, aunque no se hayan cumplido.

EUGENIO:

O sea, la institucionalización.

ALEJANDRO:

Pero lo más grave de todo, ahí sí coincido con Francisco, fue la manera como se derramó tanta sangre para tratar de evitar, o no, que se concentrara el poder en la personas, sobre todo en la década de 1920, en los caudillos en lucha por el poder.

BENITO:

Bueno, es maravilloso. México es el único país que ha institucionalizado una revolución; al institucionalizarla desaparece el término, es un oxímoron: revolución-institucional, estamos completamente de acuerdo. ¿Ahí sí estás de acuerdo?

ALEJANDRO:

Sí, por completo.

FRANCISCO:

Ve el caso, por ejemplo, de Álvaro Obregón, quien palomea las listas de los diputados.

BENITO:

Por supuesto.

FRANCISCO:

Palomea las listas de los senadores, de los gobernadores, de los magistrados, de los ministros y de los jueces.

EUGENIO:

Los caudillos lo siguen haciendo. Por eso surge la novela maravillosa de Martín Luis Guzmán, *La sombra del caudillo*. Es la sombra de Obregón, que está palomeando a quiénes van a matar, no a quiénes van a hacer el juego político.

FRANCISCO:

Eugenio, eso se llama concentración del poder después de la Revolución.

ALEJANDRO:

Y vemos una clara línea de Obregón siguiendo los pasos de Porfirio Díaz, con sus reformas a la Constitución entre 1924 y 1925, para permitir de nuevo la reelección. Comienza a cocinar su vuelta al poder en 1928.

EUGENIO:

Y ahí entramos en otros dos crímenes terribles, el de Francisco Serrano, en Huitzilac, y el de Arnulfo R. Gómez, en Veracruz.

FRANCISCO:

Pero antes, es importante subrayar que el gran traidor de la Revolución Mexicana se llamó Álvaro Obregón. ¿Por qué es un traidor? Porque si el principal postulado de la Revolución era «Sufragio efectivo, no reelección» y se reelige... Él, que había sido de los grandes impulsores liberales de la Revolución, de la Constitución de 1917, se reelige modificándola. Eso para mí es una traición.

ALEJANDRO:

Y lo que provoca todo esto es un derramamiento de sangre, que nos lleva a nuestro tema: los asesinatos de Topilejo.

BENITO:

Pongámoslo en contexto para que a nuestros amigos lectores, que conspiran con nosotros, les quede claro. Obregón pretende reelegirse y aparecen dos fuerzas políticas en 1927. Una de ellas es Francisco Serrano —viejo amigo y colaborador de Obregón—, quien se erige como candidato por el Partido Antirreeleccionista, y por otro lado, Arnulfo R. Gómez. El primero es asesinado, el segundo fusilado; uno a mansalva; Serrano en Huitzilac, Morelos; Gómez en Coatepec, Veracruz. Queda sólo Obregón para lanzarse, apoyado por los diputados sonorenses, y es asesinado también después de ganar las elecciones presidenciales. Es decir, hay alguien más: una enorme sombra que revolotea por encima de todo esto que es el propio Calles, por supuesto.

ALEJANDRO:

Creo que es la gravitación del poder y las fuerzas políticas que se están acomodando. Simplemente hay que decirlo, para que no quedemos como los apologistas de Serrano o de Gómez: eran también unas fichitas, como toda esa generación de revolucionarios. Bebedores, parranderos, mujeriegos; les gustaba la vida de crápulas. Además, hoy sabemos que Serrano se iba a madrugar a Obregón y Calles, ese 2 o 3 de octubre de 1927, nada más que se les adelantó Obregón, quien tenía el colmillo más retorcido que ellos.

FRANCISCO:

Los traicionaron. Traicionan a Serrano y a Arnulfo Gómez. Van y le dicen al presidente Calles y a Obregón que los iban a matar en los llanos de Balbuena, durante una exhibición aérea. Iba a ocurrir lo que años después le sucedió al líder egipcio, Anwar el-Sadat, cuando estaba en un desfile militar. Al momento que pasan las tropas delante del palco donde se encontraba, los soldados no lo saludaron, dispararon a la tribuna y lo mataron. Es lo mismo que iban hacer con Obregón y Calles, en 1927.

ALEJANDRO:

En el caso de México todo se redujo a quién madrugó primero. Y madrugó más temprano Obregón. Para nuestros lectores, recomiendo que si uno de estos fines de semana van a Cuernavaca, lo hagan por la carretera libre, reduzcan la velocidad poco antes de llegar a Tres Marías y del lado izquierdo de la carretera podrán ver las cruces que marcan el lugar donde fueron asesinados Serrano y sus acompañantes.

EUGENIO:
Todavía huele a sangre en ese lugar.

ALEJANDRO:
La vibra, como dicen.

EUGENIO:
El horror que se provocó en ese lugar es muy particular.

BENITO:
De eso estamos hablando, de 1927.

FRANCISCO:
Hay una discusión interesante desde el punto de vista histórico. El presidente Calles dicta un memorándum en el que ordena: «traigan a Chapultepec al general Serrano y a sus compinches», pero al parecer, Obregón modifica el documento y pone: «traigan a Chapultepec, *muertos*, al general Serrano y a sus compinches». Lo leí en un trabajo del general Peralta, donde sostenía que él había visto cómo Obregón alteró el documento.

ALEJANDRO:
Luego, como decía Benito, vienen estos asesinatos, le queda el camino libre a Obregón, llegan las elecciones, gana la presidencia en reelección y lo matan el 17 de julio de 1928. Ya no llega a ocupar el poder, es presi-

dente electo asesinado. Entonces viene la necesidad de la sucesión presidencial, que es lo que nos va a llevar a lo de Topilejo.

FRANCISCO:

Es el tercer presidente mexicano asesinado en quince años, en el siglo XX. El primero fue Madero, el segundo Carranza, y el tercero Álvaro Obregón. Tres presidentes; hay que ver este México bronco.

ALEJANDRO:

¿Qué sucede después de la muerte de Obregón? Obviamente, eligen un presidente interino que es Emilio Portes Gil, quien convoca a elecciones presidenciales.

FRANCISCO:

Porque no se podía quedar Calles.

ALEJANDRO:

No, y menos después de lo que había sucedido. Todos le echaban la culpa a Calles del asesinato de Obregón. Portes Gil convoca a elecciones presidenciales, en las cuales se va a enfrentar Pascual Ortiz Rubio, contra José Vasconcelos. Por ahí había un verso que decía: «Si es usted un animal, / vote usted por don Pascual; / si son puros sus anhelos, / vote usted por Vasconcelos».

FRANCISCO:

En mi libro *Arrebatos carnales*, evidentemente abordo el tema de la elección de 1929, donde interviene Antonieta Rivas Mercado, quien, se acordarán ustedes, era la hija de aquel arquitecto notable que construyó la Columna de la Independencia; ella es la que financia la campaña de Vasconcelos con su patrimonio, heredado de su padre, don Antonio Rivas Mercado.

ALEJANDRO:
Con lo último que le queda.

FRANCISCO:
Así es.

EUGENIO:
Pero Vasconcelos la despojó de todos sus recursos y después permitió que se suicidara en Notre-Dame.

ALEJANDRO:
Tanto así como permitió, no; ella ya estaba bastante trastornada.

EUGENIO:
Pero Vasconcelos no metió las manos. Ni siquiera aparece en el sepelio ni se preocupa por el cadáver. O sea, Vasconcelos era un tipo bastante detestable.

FRANCISCO:
Por supuesto que sí. Ya veremos por qué. Pero lo que quiero decir es qué ingenuidad de esta mujer, de no haberse percatado de que se estaba enfrentando, con su dinero, nada menos que con el máximo poder que era el de Calles. Por eso esa época fue conocida como el «Maximato», pues todo se movía bajo la sombra del «Jefe Máximo» de la Revolución. Ella creyó que financiando la campaña de Vasconcelos iba a llegar a algún lado. Claro, ya sabemos a dónde llegó, a darse un balazo.

ALEJANDRO:
Las elecciones se llevan a cabo en noviembre de 1929 y la prensa habla de un magno fraude, sangre derramada, persecución, amenazas. Vasconcelos pierde y gana Pas-

cual Ortiz Rubio, quien deberá ocupar la presidencia a partir del 5 de febrero de 1930.

EUGENIO:

Entonces, Pascual Ortiz Rubio va al Estadio Nacional a tomar posesión. Llega un fulano llamado Daniel Flores, quien le dispara a él, a su mujer, a una sobrina y hasta al chofer le da. No le dio al perico porque no llevaban, y en ese momento es cuando surge toda esta historia perversa de los mártires de Topilejo.

FRANCISCO:

A Calles no le bastó con haber llevado a Ortiz Rubio a la presidencia, sino que decidió ir con toda inquina contra los vasconcelistas para matarlos, para acabar con ellos porque él era el poder detrás del trono.

EUGENIO:

Sin embargo, hay quien dice que el atentado contra Ortiz Rubio fue organizado por Emilio Portes Gil y Gonzalo N. Santos; que ese atentado venía de Calles en una carambola de tres bandas.

ALEJANDRO:

Así es como se empieza a especular con teorías de la conspiración, perdonen la expresión, «chaqueteras». La imposición de Ortiz Rubio se le debe a Calles, no le busquen «chichis a las culebras». Ahora bien, yo soy de los que cree que los asesinatos de Topilejo no fueron una venganza de Calles para acabar con el vasconcelismo, ese movimiento ya estaba muerto. Además, el recién fundado partido oficial ya había ganado la presidencia; Calles ya no tenía nada que demostrar. A mí me da la impresión de que fue más ese tipo de venganzas de mandos medios del propio gobierno que se toman ciertas atribuciones para quedar bien con sus superiores. ¿Calles era capaz de ordenarlo? Sí. No dudaría en apretar el gatillo, pero era muy reflexivo, nada impulsivo; yo no lo responsabilizaría en primera instancia.

FRANCISCO:

Desde mi punto de vista, el crimen de Huitzilac de 1927 prefigura lo de Topilejo. En 1927, Obregón y Calles fueron arrinconando a Serrano y a Gómez para organizar un levantamiento armado. Por lo tanto, el uso de la fuerza contra ellos parecía justificado. Creo que en el caso de Topilejo ocurre lo mismo; se repite la misma estrategia política: provocar que Vasconcelos se levante en armas.

EUGENIO:

Eso es cierto. El general León Ibarra, uno de los asesinados en Topilejo, estaba convencido de realizar un levantamiento para que Vasconcelos se sentara en la silla presidencial, no es una especulación. Eran León Ibarra, un señor Manuel Nava y muchos otros prosélitos de Vasconcelos que querían derrocar al gobierno y ponerlo a él.

ALEJANDRO:

Pero insisto con mis dudas. Vasconcelos había convocado a la rebelión el 1 de diciembre de 1929 con el Plan de Guaymas. Como no obtuvo respuesta y se puso fuera de la ley, casi de inmediato salió del país. La nación estaba en calma, y aunque el gobierno orquestó una campaña de represión para apaciguar los ánimos de los vasconcelistas, nadie tomó las armas. Para ese momento, el propio Vasconcelos estaba totalmente decepcionado del pueblo mexicano porque no se habían levantado con él. Vasconcelos se creía un segundo Madero y realmente consideraba que el pueblo se iba a rebelar, pero el pueblo ya estaba cansado de diecinueve años de rebeliones, levantamientos y planes. Además, una cosa era la fuerza que sí tenían Arnulfo R. Gómez y Pancho Serrano, pues eran militares, y otra cosa era Vasconcelos, quien no tenía fuerza militar.

FRANCISCO:

Yo no creo que se moviera una hoja en aquella época sin que lo supiera el caudillo. No creo que nadie se atreviera a hacer una acción de ésas sin su autorización y contubernio.

EUGENIO:

Sí había hojas que se movían y el caudillo no lo sabía: las hojas de parra.

BENITO:

Pero sólo ésas, querido. Lo absolutamente cierto es que tres personas que pudieron haber sido presidentes de la República, tres sonorenses: Arnulfo R. Gómez, Francisco Serrano y Álvaro Obregón, no llegan a la presidencia porque uno es fusilado y los otros asesinados a mansalva en Huitzilac.

ALEJANDRO:

Más bien tres norteños, porque Serrano es sinaloense.

FRANCISCO:

Ahí tienes también el caso del propio Adolfo de la Huerta, quien ya había sido presidente; él también decide, sabiendo el nivel de salvajismo de Obregón...

EUGENIO:

... levantarse en armas.

FRANCISCO:

No, no. Además de levantarse en armas, cuando la ve perdida se va a vivir a Estados Unidos. Lo que hace también el propio Vasconcelos. Éste lo que debía haber hecho, creo yo, es haber capitaneado el movimiento contenido en el Plan de Guaymas, desde el país.

ALEJANDRO:

Pero, insisto, ya no había las condiciones políticas para que él pudiera encabezar un nuevo levantamiento. Estamos hablando, además, de un momento muy difícil, con todos esos muertos. Además, estaba terminando la guerra Cristera, con sus casi cien mil muertos. Ya la gente estaba cansada de tanto muerto.

EUGENIO:

Yo coincido contigo. Las circunstancias no eran propicias para un levantamiento armado, como fueron los alzamientos de la Revolución.

FRANCISCO:

Pero no se vale erigirse como líder de un movimiento armado y decir: «Me voy a Estados Unidos y cuando estén listos para entregarme el poder, vengo y me presento como nuevo presidente de México». Vasconcelos se comportó como un cobarde. No tenía por qué haberse retirado del país.

EUGENIO:

No, es muy fuerte el término *cobarde*.

FRANCISCO:

Entonces, ¿cómo se llama el que capitanea un movimiento desde el extranjero y «cuando estén listos vengo para que me den el poder»?

ALEJANDRO:

Más que cobarde, comodino. Sí, dijo: «Levántense y, como Madero, los acaudillo cuando ya estén las huestes tomando la Ciudad de México».

FRANCISCO:

Si alguien conocía a Obregón y a Calles, ése se llamaba José Vasconcelos.

ALEJANDRO:

Pero afortunadamente para Vasconcelos, Obregón ya estaba muerto, porque de hecho Calles sí pudo haberlo agarrado y fusilado. Increíblemente van a terminar siendo amigos Calles y Vasconcelos en el exilio.

EUGENIO:

Habría que acotar que Vasconcelos fue ministro de Educación de Álvaro Obregón y que era su preferido, su secretario, su niño bonito, a quien consentía.

FRANCISCO:

Al mismo tiempo que Calles era secretario de Gobernación en el gobierno de Obregón.

BENITO:

Era la misma gata pero revolcada.

EUGENIO:

Eran compañeros de gabinete. O sea que las pretensiones de Vasconcelos a la presidencia, eran bastante razonables y legítimas, y pudo haber ganado las elecciones si no hubiera habido todo este tejemaneje.

BENITO:

Sin duda, la modernidad, o el ingreso al Estado nacional

en este país, están marcados por bala y sangre. Una y otra y otra y otra vez.

ALEJANDRO:
La sangre y las balas van a marcar todas las sucesiones presidenciales desde 1920 hasta 1929, cuando la Revolución se institucionaliza con la formación del Partido Nacional Revolucionario. Después de eso, el régimen entra en un periodo de estabilidad en términos de la sucesión presidencial.

EUGENIO:
Y ahí es donde yo digo que la Revolución no propició una dictadura como las que mencionaste, la china, la bolchevique, etcétera, porque ya a partir de Lázaro Cárdenas hay una apertura, podríamos llamar democrática, entre comillas si se quiere, pero ya hay un juego político, y ya no se concentra el poder en una sola persona, aunque sigan atrás las sombras.

BENITO:
Aunque se concentre la sombra del caudillo encima de todos, constantemente.

FRANCISCO:
Pero se concentra, Eugenio. Otro de los tiranos se llama Lázaro Cárdenas.

EUGENIO, BENITO, ALEJANDRO:
¡No! ¡No! ¡No!

FRANCISCO:
¿Por qué era un tirano Lázaro Cárdenas? No es el tema de Topilejo pero tú comenzaste, Benito, ahora te aguantas.

BENITO:

Yo no abrí la boca. Tú solito.

ALEJANDRO:

Tú sacaste a Cárdenas a colación. Ya, venga.

FRANCISCO:

Ahora lo defiendes.

BENITO:

Claro que lo defiendo.

FRANCISCO:

Un hombre que concentra el poder, nombra diputados, senadores, jueces, magistrados, ministros; además coordina la prensa, porque él funda PIPSA, y dice: «Cualquier persona que hable mal de mí...».

EUGENIO:

Eran los usos y costumbres de la democracia mexicana.

FRANCISCO:

Bueno, tú dime: ¿cuál democracia?

ALEJANDRO:

No, no, Paco, tirano no. Yo creo que fue un presidente muy autoritario.

FRANCISCO:

Autoritario.

ALEJANDRO:

Absolutamente.

BENITO:

Como lo fueron todos los generales que fungieron como presidentes.

ALEJANDRO:

Pero tenía una virtud que no tuvieron Obregón ni Calles: no era sanguinario. Realmente él se comportó de una manera mucho más humana y decían que se debía a su origen michoacano.

EUGENIO:

Aunque todavía se echó a Cedillo, no se les olvide.

ALEJANDRO:

Pero en combate, no lo agarró a la mala como Obregón y Calles a Serrano.

FRANCISCO:

Pero este país se merecía la democracia después de lo que acabas de decir, desde 1929.

BENITO:

Este país se merecía la democracia desde...

ALEJANDRO:

... 1913...

BENITO:

... antes.

ALEJANDRO:

Duraron ochenta y cuatro años.

EUGENIO:

Desde 1810.

BENITO:
Sí, claro.

FRANCISCO:
Entonces ahí es una marcha atrás. Fíjense ustedes, a ver si están de acuerdo conmigo: con Cárdenas se instala la dictadura perfecta.

ALEJANDRO:
Sí, totalmente de acuerdo.

BENITO:
No.

EUGENIO:
Yo tendría mis dudas.

BENITO:
Yo también.

ALEJANDRO:
Con Cárdenas se instalan: uno, la dictadura perfecta y dos, los mecanismos de control para el sector obrero y campesino.

FRANCISCO:
Por supuesto.

EUGENIO:
Se crea la CROM.

ALEJANDRO:
No era una inocente palomita, yo estoy totalmente de acuerdo, pero así como el tirano, no.

BENITO:

Había ideas socialistas permeando en el ambiente.

EUGENIO:

Claro, por supuesto.

BENITO:

En los sindicatos formados; ahí estaba Vicente Lombardo Toledano, quien no me digas que era un tipo de derecha.

EUGENIO:

Y estaba Luis N. Morones, que era de izquierda.

ALEJANDRO:

Sí, pero una cosa es buscar la defensa de los principios obreros y otra es utilizarlos como carne de cañón electoral para garantizar la permanencia en el poder.

FRANCISCO:

Por supuesto, hasta hoy estamos pagando eso.

ALEJANDRO:

Exacto, ahí está la corrupción de los sindicatos.

EUGENIO:

Pero no se propiciaba la dictadura del proletariado, se propiciaba otro tipo de juego político.

BENITO:

Releamos a Daniel Cosío Villegas.

EUGENIO:

Se crea la CTM, la CROM, se crean las grandes centrales obreras para proteger a los trabajadores mexicanos.

ALEJANDRO:

Yo no creo que para protegerlos, creo que para poder tener controlados a los sectores más radicales de la sociedad.

FRANCISCO:

Por supuesto.

ALEJANDRO:

¿Y qué te garantiza eso? La lealtad absoluta al régimen que inicia en tiempos de la Revolución.

FRANCISCO:

Crea la CTM, ¿para qué? Para tener el control obrero. Crea la CNC, para tener el control de los campesinos.

BENITO:

Perdón, ¿no estábamos hablando de Topilejo?

FRANCISCO:

¿Verdad que sí? ¿A Topilejo, dónde lo dejamos? Volvamos a Topilejo, entonces.

EUGENIO:

Es que lo de Topilejo está enganchado en todo esto que estamos hablando.

BENITO:

Con todo.

EUGENIO:

Es un pequeño hito en este discurrir histórico.

BENITO:

Es una cicatriz invisible en este país.

ALEJANDRO:

Pero es una cicatriz importantísima porque, efectivamente, así es como operaba ese sistema. El sistema que surge de la Revolución mexicana.

BENITO:

Es «mátenlos en caliente».

ALEJANDRO:

«Mátenlos en caliente» ya institucionalizado. Están los de Topilejo y luego vendrán las desapariciones políticas de las décadas de 1950 y 1960, hasta la «guerra sucia». Finalmente, sí es un régimen que se establece y quizá sus primeras víctimas ya sistematizadas son los muertos de Topilejo. Como dices, Eugenio: cavaron sus propias tumbas, los llevaban atados con alambre y ahí los ejecutaron y los enterraron; días después empiezan a encontrarse los cadáveres.

EUGENIO:

Mucho tiempo después, como diez años después, se pudo esclarecer qué había pasado con estos mártires de Topilejo, porque los daban por desaparecidos. De hecho aparece uno, Manuel Nava, quien se pensaba que había sido asesinado en Topilejo. Resulta que no lo mataron. Lo perdonó el comandante del pelotón que iba a masacrar a esos hombres. Nunca supo explicarse por qué.

FRANCISCO:

Yo creo que es interesante todo esto y muy importante que rescatemos los crímenes de Topilejo como un pasaje de la historia de México que jamás debe repetirse. En este país todo el mundo tiene derecho a protestar.

EUGENIO:
Así es.

ALEJANDRO:
Y a oponerse.

FRANCISCO:
Una sociedad que protesta es una sociedad sana.

BENITO:
Y los que olvidan están condenados a repetir la historia.

EUGENIO:
Por eso esta conspiración es sana, porque no todos estamos de acuerdo.

ÍNDICE